20. 2. 2013

beck'sche
reihe

W0031770

b sr

Hans-Ulrich Wehler

Die neue Umverteilung

Soziale Ungleichheit in
Deutschland

Verlag C. H. Beck

Originalausgabe
© Verlag C.H.Beck oHG, München 2013
Gesetzt aus der Stempel Garamond
Umschlagentwurf: malsyteufel, willich
Druck und Bindung: Pustet, Regensburg
Printed in Germany
ISBN 978 3 406 64386 6

www.beck.de

Inhalt

Einleitung 7

1. Sozialhierarchie und Hierarchietheorien:
Die Soziale Ungleichheit 15

2. Die internationale Debatte über die
neue Einkommensungleichheit 59

3. Die deutsche Einkommensungleichheit 65

4. Die deutsche Vermögensungleichheit 73

5. Die Ungleichheit
in der deutschen Wirtschaftselite 85

6. Die Ungleichheit
auf den deutschen Heiratsmärkten 93

7. Die Soziale Ungleichheit der Alten 96

8. Die Ungleichheit der Bildungschancen 103

9. Die Ungleichheit der Geschlechter 111

10. Die Ungleichheit
bei Gesundheit und Krankheit   125

11. Die Ungleichheit
der Wohnbedingungen   129

12. Die ethnisch-kulturelle Ungleichheit   139

13. Die Ungleichheit der Konfessionen   147

14. Die Ungleichheit in der Alltagswelt   153

15. Die Ungleichheit zwischen West und Ost   157

Nachwort   165

Dank   171

Anmerkungen   173

Personenregister   191

Einleitung

Vor kurzem noch galt es unter namhaften deutschen Soziologen als chic, anstelle der harten Barrieren der Sozialen Ungleichheit die bunte Vielfalt der Individualisierung und Pluralisierung zu beschwören. Anstatt die Hierarchie der Klassenformationen, auch der Eliten und der Unterschichten, zu analysieren, wurde stattdessen die Vorherrschaft vager Milieus und diverser Lebensstile ins Feld geführt. Die alldem widersprechenden empirischen Ergebnisse der realistischen Sozialwissenschaftler und Sozialhistoriker, die den Formwandel, aber eben auch die hartnäckige Resistenz der Ungleichheitsstrukturen unterdessen weiter herausarbeiteten, wurden von dieser modischen Denkschule kurzerhand ignoriert. Ihr folgten aber Teile des gehobenen Feuilletons und Sprecher der politischen Klasse nur zu bereitwillig, da der in Deutschland noch immer als marxistisch verpönte Klassenbegriff und die Realität der in Klassen gegliederten Marktgesellschaft auf diese Weise sprachkosmetisch verdrängt werden konnten.

Deshalb war es vielleicht folgerichtig, wegen der Abwegigkeit dennoch überraschend, dass ebenfalls noch vor kurzer Zeit die Prominenz aller politischen Lager in einer denkwürdig bizarren Diskussion sich unisono darin einig fand, dass es hierzulande überhaupt keine Unterschichten gebe. Aufgrund dieser verblüffenden Realitätsblindheit bemühte sie sich heftig darum, die

Bundesrepublik als einziges Land der Welt ohne Unterschichten zu präsentieren – offenbar eine hierarchiefreie Insel der Glückseligen. Der flugs geltend gemachte, auf die Existenz der Unterklassen zielende Begriff des «Prekariats» konnte sich – zwar verschämt eingefärbt, doch auch um Wirklichkeitsnähe bemüht – nicht durchsetzen. Allzu weit blieb dieses semantische Verlegenheitskonstrukt von dem vertrauten Vokabular der Umgangssprache entfernt.

Inzwischen hat die soziale Realität all diesen Sprachspielen ein unmissverständliches Dementi entgegengesetzt. Auf der einen Seite: Abermillionen von Arbeitslosen; die zumal in Ostdeutschland, aber auch in westdeutschen Industrierevieren zu besichtigenden geradezu altertümlichen Formen krasser Ungleichheit; die Lage zahlreicher Hartz IV-Empfänger. Auf der anderen Seite: der obszöne Anstieg von Managergehältern in schwindelerregende Höhen; die Selbstbereicherung mit spektakulären Bonuszahlungen und Vorzugsaktien als begehrte Zusatzbelohnung für eine bereits übermäßig honorierte Leistung; die steile Gewinnsteigerung der Unternehmen bei gleichzeitiger, jahrelang währender Stagnation der Realeinkommen der Erwerbstätigen. Solche dramatischen Signale haben die Problematik der Sozialen Ungleichheit erneut unabweisbar auf die Tagesordnung gesetzt.

Der von einem blindwütigen, grenzenlos habgierigen Turbokapitalismus verursachte Zusammenbruch der internationalen Finanzmärkte, parallel dazu die seit 1929 schlimmste Depression der Realwirtschaft werden diese Problematik auf absehbare Zeit noch weiter verschärfen. Ihr Druck wird auch die Sozialwissenschaftler wieder zu kritischeren Analysen, die Teilnehmer an der öffentlichen Diskussion zu einer realistischeren Sprache nötigen.

Mit der Zunahme der Sozialen Ungleichheit ist nicht nur eine enorme Belastung des Sozialstaats, sondern auch eine Veränderung der Mentalität, mit der die soziale Realität wahrgenommen und verarbeitet wird, unausweichlich verbunden. Als Folge dieses Perzeptionswechsels taucht ein genuin politisches Problem auf: Mit verschärfter Ungleichheit wird, über kurz oder lang, die Legitimationsgrundlage des politischen Systems durch wachsende Zweifel in Frage gestellt. Denn die Glaubwürdigkeit der modernen sozialstaatlichen Massendemokratie beruht vor allem darauf, dass sie eine allzu schroffe Ungleichheit der Lebenslagen erfolgreich bekämpft, die Gleichheitschancen überzeugend vermehrt statt vermindert. Kurzum: Die Frage nach der sozialen Gerechtigkeit gewinnt eine neue Dringlichkeit, so sehr auch überzeugende Kriterien des Zustands, wann sie denn verwirklicht sei, zu bestimmen sind und so umstritten ihre normativen Grundlagen auch sein mögen. Soziale Gerechtigkeit – dieser Topos wird zum «Dauerbrenner» der innenpolitischen Diskussion in den kommenden Jahren aufsteigen.

Während dieser Debatte geht es zum einen darum, mit allen Kräften und mit Hilfe aller Ressourcen das Dauerphänomen der aufklaffenden Sozialen Ungleichheit auf ein erträgliches Maß abzumildern. Daran muss sich auch die Gestaltungsfähigkeit der parlamentarischen Demokratie bewähren, die sich freilich als Interventions- und Sozialstaat einer äußerst schwierigen Aufgabe gegenüber sieht. Ihre Lösung verlangt ein exzeptionelles Maß an Lernfähigkeit und Entscheidungskraft. Werden sie vorhanden sein?

Für beides: für die aufklärende Diskussion wie für das praktische Handeln sind möglichst genaue historische Kenntnisse von Nutzen, ja unentbehrlich. Bleibt doch die Geschichte – dies erneut gegen die geläufige Skepsis – das einzige Erinnerungs- und Denkmaterial, aus dem wir lernen können, denn allein Gegenwartskonstellationen und Zukunftsprojektionen reichen dafür nie aus. Historische Kenntnisse belehren über den gewöhnlich langsamen Gang der sozialen Evolution, die indes manchmal auch durch Katarakte beschleunigt hindurchgepresst wird. Sie belehrt darüber, wie sich mit der modernen Marktwirtschaft auch die Marktgesellschaft Schritt für Schritt durchgesetzt hat, in der die «marktbedingten Klassen» (Max Weber) die überkommenen ständischen Formationen effektiv verdrängt haben. Denn in dieser Marktgesellschaft entscheiden zusehends Marktprinzipien über die Zuteilung von Lebenschancen und Lebensrisiken, da die erdrückende Mehrheit der Erwerbstätigen ihre denkbar unterschiedlichen Leistungskapazitäten auf Arbeitsmärkten anbieten muss, von denen sie zu marktkompatiblen Preisen abgerufen – oder aber ausgespien und in jene «Versorgungsklassen» (M.R.Lepsius) abgedrängt werden, in denen sie von öffentlichen Transferleistungen abhängen.

Sie belehren aber nicht zuletzt auch darüber, wie außerordentlich schwierig es ist, durch staatliche Steuerung die Ungleichheitsdistanz in der Sozialstruktur zu vermindern, etwa durch das Bildungswesen und das Steuerrecht, durch allerhand Transferleistungen und Förderungssysteme. All diese Anstrengungen mögen bereits am Mangel einsetzbarer materieller Ressourcen scheitern, da falsche Präferenzentscheidungen, etwa in Gestalt obskurer Subventionsleistungen, zu viele Mittel anderswo binden. Sie können aber auch an der kulturellen Hemmschwelle einer abwehrenden Mentalität oder eines feindseligen Habitus auflaufen: Die konstante Ablehnung höherer Bildung hält etwa die Kinder aus den Familien ungelernter Arbeiter von den Gymnasien und Universitäten trotz aller Bemühungen der Bildungsreformer weiterhin fern. Diese soziokulturellen Barrieren in den Köpfen der Menschen sind ungleich schwerer zu beseitigen als die Hindernisse im Gesetzgebungsprozess, wenn etwa überfällige Studiengebühren mit einem großzügigen Stipendiensystem auf Darlehensbasis verkoppelt werden sollen.

Einem Irrglauben muss man freilich so schnell wie nur irgend möglich abschwören. Das ist die verbreitete Vorstellung, dass die Märkte einer Wachstumsgesellschaft von sich aus für eine gleichmäßige Verteilung des Wohlstandes sorgen. Unstreitig ist der moderne Markt eine ingeniöse soziale Erfindung, die mit einem weltumspannenden Kommunikationssystem Nachfrage und Angebot koordiniert, Versorgungslücken mitteilt, Warnsignale sendet. Bisher ist keine überlegene Alternative entwickelt worden, die sich abseits des papiernen Entwurfs realiter bewährt hätte. Das radikale Scheitern der staatlichen Zentralplanwirtschaft ist das letzte Beispiel einer unterlegenen Option. Eins aber vermag der funktionstüchtige Markt nicht: nach der von ihm erzeugten Wohlstandssteigerung von sich aus auch noch zielstrebig Soziale Ungleichheit zu verringern. Um mehr kann es nicht gehen, da die Utopie der Gleichheit aller durch die Hierarchie jeder bekannten Gesellschaft, in der sich unterschiedliche Begabungen und Fähigkeiten, unterschiedliches soziales und kulturelles Kapital auswirken, dementiert wird. Verringern kann die Ungleichheitsdistanz nur der mächtigste Akteur: der moderne Staat. Seit dem späten 19. Jahrhundert hat der Interventions- und Sozialstaat bewiesen, dass er dank der Unterstützung durch die großen politischen Parteien, mithin durch seine parlamentarischen Hilfstruppen, imstande ist, den ursprünglichen wildwüchsigen Privatkapitalismus durch ein Regelwerk zu zähmen, so dass er in den Dienst eines sozialstaatlichen Ausgleichs gestellt werden kann. Eben eines solchen Regelwerkes bedürfen auch der globale Kapitalismus und erst recht das System der internationalen Finanzmärkte, wie die Entwicklung seit dem Herbst 2008 jedermann demonstriert hat.

Die Crux ihrer Regellosigkeit kann ohne jeden komplizierten Fachjargon in gemeinverständlicher Sprache charakterisiert werden: Menschen können auf die Dauer nur friedlich zusammenleben, wenn sie allgemein akzeptierten Regeln folgen. Das ist eine anthropologische Konstante. Sie gilt selbstverständlich auch für jene Arena, in der sie ihrer wirtschaftlichen Tätigkeit nachgehen. Es war daher von vornherein ein verblendetes, realitätsfernes Unternehmen einiger Wirtschaftstheoretiker, ausgerechnet den Markt, auf dem zahllose konfliktgeladene Interessen aufeinandertreffen, als eine regelfreie Domäne zu konzipieren und ihre Durchsetzung dann politisch zu fordern. Das alles in dem durch nichts gerechtfertigten Vertrauen, dass die Wirtschaftssubjekte aus wohl verstandenem Eigeninteresse ihre Geschäfte hinreichend klug und zum allgemeinen Wohl ganz allein selber regulieren würden. Im Prinzip galt dieser Schule jeder staatliche Eingriff als Fehlgriff.

Es bleibt ein erstaunliches Phänomen, dass so viele angeblich erfahrene Akteure in der Wirtschaft und Politik an diese Fata Morgana des komplett deregulierten

Marktes geglaubt haben, die freilich einer unersättlichen Habgier und einer bedenkenlosen Bereitschaft zu fahrlässigem Verhalten optimal entgegenkam. In der neuzeitlichen Wirtschaftsgeschichte gibt es kein vergleichbares zweites Beispiel einer rundum diskreditierten Berufsklasse, die derart verblendet und von nacktem Egoismus getrieben Billionen sich angeeignet, dann aber auch verbrannt und deshalb Millionen ins Elend gestürzt hat, ohne dass sie kollektiv für ihr Fehlverhalten einstehen müsste. Wen wundert es da, dass die Kritik an einem System um sich greift, das solche Exzesse nicht nur ermöglicht hat, sondern sich auch mit der Ahndung und Remedur so außerordentlich schwer tut?

Zu den dramatischen Folgen dieser Krise gehört der Trend verschärfter Sozialer Ungleichheit. Über ihre historische Dimension zu informieren und aufzuklären ist das Ziel dieses Bandes. Wie stets bei einem solchen Überblick über Komplexphänomene trifft man auch hier auf eine Mischung von erstaunlicher Kontinuität und auffälliger Diskontinuität, die beide den historischen Prozess, oft gleichzeitig, regieren. Entgegen allen skeptischen Prognosen konnte etwa das Bürgertum nach einem deutlichen Formwandel seine Existenz behaupten. Die Industriearbeiterschaft dagegen hat der Angestelltenschaft der Dienstleistungsgesellschaft in der numerischen Größenordnung weichen müssen. Die einst größte deutsche Arbeiterklasse der sieben Millionen Landarbeiter von 1914 ist auf knapp 200000 reduziert worden, während die anfangs winzigen Professionen der Rechtsanwälte und Ärzte für die Nutzung ihrer Machtressourcen eine stattliche Mitgliederschaft gewonnen haben.

Hier steht die Sozialhierarchie der Bundesrepublik

zur Debatte. In beiden Fällen scheint sich Max Webers Einsicht erneut zu bewähren, dass Klassen primär «Phänomene der Machtverteilung» sind. Daneben wirkt sich besonders nachhaltig das Erbe der von den Familien getragenen und weiter vermittelten Klassenkulturen aus. Die Synthese langlebiger Entwicklungsprozesse und abrupter Strukturwandlungen wird von der Hoffnung begleitet, dass sie die historischen Dimensionen der Sozialen Ungleichheit präziser zu erschließen hilft, damit aber auch Kenntnisse für das Verständnis gegenwärtiger Probleme sowie für das politische Entscheidungshandeln zur Verfügung stellt.

1.

Sozialhierarchie und Hierarchietheorien: Die Soziale Ungleichheit

Alle historisch bekannten Herrschaftsverbände werden durch Systeme der Sozialen Ungleichheit geprägt. Immer weist ihre Sozialstruktur eine hierarchische Ordnung auf. Insofern ist das Stratifikationsgefüge von Gesellschaften eine anthropologische Konstante. Ihre spezifischen Merkmale und Unterschiede variieren in der Regel ganz so auffällig wie die vielfältigen Versuche, sie angemessen zu beschreiben, vor allem aber sie überzeugend zu erklären.[1]

Seit der schottischen Aufklärung, die von großen Figuren wie Adam Smith, Adam Ferguson und John Millar repräsentiert wird, wurde die Sozialstruktur zum einen zum Gegenstand genauer empirischer Beschreibung. Zum anderen ging es diesen Sozialtheoretikern anstelle der bisher vorherrschenden religiösen Legitimierung um eine überzeugende realhistorische Erklärung der durchaus weltlichen Ursachen der Ungleichheit. Dieses neuartige Interesse nährte sich aus drei Wurzeln:

1. Der Zerfall der traditionalen schottischen Clan-Verfassung, der sich nach der Union der beiden Inselkönigreiche unter dem Anprall der Modernisierungseinflüsse aus dem höher entwickelten England beschleunigte, schärfte den Blick für die kontextab-

hängige, konkrete historische Natur der Sozialhierarchie.

2. Seit der Puritanischen Revolution, dem englischen Bürgerkrieg der 1640er Jahre, wirkten Gleichheitsideen als ideelles Ferment weiter. Denn der linke Flügel der Puritaner, namentlich die «Levellers» und «Diggers», hatte die christliche Vorstellung von der Gleichheit aller Seelen vor Gott in das kühne Postulat der Gleichheit aller Gläubigen auf Erden übersetzt. Seither ist diese Utopie als effektiver Stachel säkularisierter, demokratischer Gleichheitsideen nicht mehr verschwunden.

3. Die moralphilosophische Idee einer Naturgeschichte der Menschheit als zielgerichteter, progressiver Evolutionsprozess lenkte die Aufmerksamkeit auf die Vergänglichkeit der überlieferten Sozialordnung, aber auch auf die erstrebenswerte Zukunft einer sich neu ausdifferenzierenden Gesellschaft.

Frühzeitig ist bei den großen Schotten, dann auch in der Sozialtheorie der englischen und französischen Politischen Ökonomie eine folgenreiche Vorentscheidung gefallen, die für Smith und Ferguson ebenso grundlegend war, wie später für Karl Marx und Lorenz v. Stein, ja eigentlich für fast alle soziologischen «Klassiker» seither. Die Hierarchie der Sozialen Ungleichheit wurde von ihnen in engster Verbindung mit der historischen Natur des jeweils dominierenden Wirtschaftssystems konzeptualisiert. Daran haben auch Max Weber, Émile Durkheim und Vilfredo Pareto ebenso festgehalten wie bedeutende Sozialwissenschaftler in der zweiten Hälfte des 20. Jahrhunderts, etwa Talcott Parsons und Pierre Bourdieu. Selbst die abstrakte Systemtheorie von Niklas Luhmann und die Sozialphilosophie von Jürgen Habermas haben auf diesen Nexus nicht verzichtet.

Im historischen Kontext des ausgehenden 18. Jahrhunderts stand für die schottischen und englischen Sozialtheoretiker der Zerfall der überkommenen Ständeordnung unter dem Druck der voranschreitenden kapitalistischen Marktwirtschaft als Schlüsselerfahrung im Vordergrund. Für die aufgrund dieser Dynamik neu entstehenden sozialen Formationen begann sich seither die Klassensprache einzubürgern, welche der beispiellosen Veränderung mit einer neuen Begrifflichkeit Rechnung tragen wollte. Dieser Entwicklung lag, wie es schien, die realistische Einsicht in den unauflöslichen Zusammenhang zwischen Wirtschafts- und Sozialverfassung zugrunde, der wie eine Art von historischem Zwillingsphänomen wirkte.

Damit wurde jedoch, im Gegensatz zu einer göttlich sanktionierten Sozialordnung auf Erden, die durch und durch weltliche Übermacht einer neuartigen wirtschaftlichen Entwicklung anerkannt, deren Motorik die eigentliche ungleichheitsgenerierende Kraft zugeschrieben wurde. Marktmacht, nicht mehr Adelsrang oder Berufsstand, bestimmte jetzt, dieser Sicht zufolge, die Distribution des Sozialprodukts und die gesellschaftliche Position. Darauf hätten sich Smith und Ferguson mit David Ricardo und William Stuart sofort einigen können. Hier bestand auch Konsens mit der Wirtschafts- und Gesellschaftslehre der französischen Physiokraten um François Quesnay, die ebenfalls, wie auch die politischen Intellektuellen der amerikanischen «Gründungsväter»-Generation, in der wirtschaftlichen Entwicklung einen kraftvollen Motor der gesellschaftlichen Veränderung erblickten.

Auch in den deutschen Staaten haben sozialtheoretisch interessierte zeitgenössische Beobachter frühzeitig und scharfsichtig die aus der englischen und französischen Diskussion stammende Klassensemantik seit dem ausgehenden 18. Jahrhundert übernommen, um zwei irritierende neuartige Phänomene mit dieser modernen Begriffssprache einzukreisen. Zum einen ging es ihnen um die ringsum sichtbare Entstehung eines besitzlosen Landarbeiterproletariats, dessen Wachstum mit dem Vordringen des Agrarkapitalismus und der beschleunigten Kommerzialisierung der Landwirtschaft, insbesondere im ostelbischen Deutschland, den Zusammenhang zwischen marktwirtschaftlichem und sozialstrukturellem Wandel demonstrierte. Zum anderen ging es ihnen um die Entstehung einer gewerblichen, schließlich frühindustriellen, meist städtischen Lohnarbeiterschaft, die im Umkreis der Verlage, Manufakturen und Fabriken unübersehbar rasch expandierte, während allerorts, in der Stadt wie auf dem Lande, die spätständische Ordnung erodierte.

Die Aufmerksamkeit richtete sich zusehends auf die neue Sozialfigur des «eigentumslosen Proletairs», der zur Fristung seines kärglichen Lebens seine Arbeitskraft in einem nur formal freien Kontrakt verkaufen musste. Im nächsten Durchgang rückte dann sein Gegenpol, der marktwirtschaftlich operierende bürgerliche Unternehmer, der «reiche Bourgeois», der «Fabrikaristokrat», als Angehöriger einer überlegenen Klasse in den Vordergrund. Man kann an der Lektüre des jungen Hegel, der sowohl mit der schottischen Aufklärung als auch mit der französischen und deutschen Debatte eng vertraut war, genau ablesen, wie aufgeschlossene Intellektuelle sich damals mit den sozialen Folgen der kapitalistischen

Marktwirtschaft auseinanderzusetzen bereit waren. In der Regel überwog eine skeptische Distanz, die angesichts der harschen Züge der heraufziehenden neuen Zeit nicht zu überraschen vermag, aber in anderer Form in der sozialkritischen, frühsozialistischen Debatte in Frankreich, welche sogleich rezipiert wurde, ebenfalls auftrat.

Daher gab es im späten Vormärz, in den 1840er Jahren, über die Veränderung der Sozialhierarchie eine gemeineuropäische Diskussion, in der die neuen analytischen Begriffe frühzeitig in Umlauf gebracht und einige grundsätzliche sozialtheoretische Entscheidungen bereits gefällt wurden. Es ist dieser real- und begriffsgeschichtliche Kontext vor der 48er Revolution, in dem der junge Linkshegelianer Karl Marx und der junge Rechtshegelianer Lorenz v. Stein ihre Theorien der Sozialen Ungleichheit im Rahmen einer philosophisch fundamentierten Gesellschaftsanalyse entfalteten. Zweifellos hat die Marxsche Klassenlehre, die auch als zentraler Bestandteil seiner politischen Theorie, seiner Zeitdiagnose und seiner Utopie einer künftigen Gesellschaft fungierte, eine welthistorische Bedeutung gewonnen. Ihre Wirkung geht daher über die übliche Einflusszone wissenschaftlicher Theorien weit hinaus.

Die Charakterisierung der Marxschen Klassentheorie wird nicht nur dadurch erschwert, dass Marx ein wahres Sammelsurium von nicht weniger als vier Dutzend vielfältig nuancierten und schillernden Klassenbegriffen verwendet hat.[2] Vielmehr wird seine Theorie auch dadurch belastet, dass sie mit seinem Ausbeutungsaxiom, seiner Entfremdungslehre und seiner säkularisierten Geschichtstheologie befrachtet ist. Außerdem verficht Marx zum einen einen universalhistorische Gültigkeit beanspruchenden Klassenbegriff, zum anderen aber auch einen auf den entwickelten Kapitalismus zugeschnittenen engeren Klassenbegriff. Wegen der eminenten Folgen müssen die Grundzüge seiner Konzeption klargestellt werden, nicht zuletzt auch deshalb, weil der folgende Überblick (entgegen manchen noch immer existierenden Erwartungen oder Befürchtungen) nicht auf den Marxschen Kategorien beruht.

Marx geht von der Prämisse aus, dass der Produktionsprozess «im Stoffwechsel mit der Natur», der die Befriedigung menschlicher Bedürfnisse und die Sicherung der Existenz ermöglicht, den Kern des gesellschaftlichen Lebens konstituiert. In der europäischen Geschichte wird der Produktionsprozess zunehmend, davon ist Marx ganz so fasziniert wie später auch Max Weber, vom Siegeszug des Bürgertums bestimmt. Mit ihm entsteht eine neuartige Sozialformation, die wirtschaftliche Autonomie auf der Basis privater Eigentumsrechte gewinnt, die politische Selbstverwaltung in den Bürgerstädten ausübt, den Nah- und Fernhandel, die gewerbliche Produktion und die kommerzialisierte Landwirtschaft kontrolliert sowie im Verlauf der sog. «ursprünglichen Akkumulation» investitionsgeeignetes Kapital ansammelt, das hier aus Fernhandelsprofiten, dort aus der Enteignung englischer Bauern oder aus dem Ausbeutungsgewinn in der seit dem 16. Jahrhundert erschlossenen überseeischen Welt stammt, der das Schwungrad der wirtschaftlichen Entwicklung zwar nicht in Gang setzt, doch mächtig vorantreibt. Marx datiert daher auch den Beginn seiner «kapitalistischen Ära» auf etwa 1500. Seither setzt sich nach seiner Überzeugung das auf der Kapitalverwertung durch bürgerliche Unternehmer beruhende Wirtschafts- und Gesellschaftssystem des «Kapitalismus» durch, das er von Anfang an aufgrund seiner historisch beispiellosen Kapazität als eine global durchsetzungsfähige Innovation verstanden hat. Insofern ist Marx einer der frühen Theoretiker der Globalisierung.

In den 350 Jahren bis zur Epoche des jungen Marx gelingt es dem Bürgertum, im Zeichen dieses Kapitalismus den Feudalismus zu überwinden, den Weltmarkt zu erschließen und erstmals eine wahrhaft globale Weltgeschichte zu initiieren. Das enthusiastische Hohelied auf die universalhistorische Leistung dieses Bürgertums erklingt 1848 im «Kommunistischen Manifest».

Durch welches institutionelle Regelwerk, fragt Marx, gelingt es dem kapitalistisch wirtschaftenden Bürgertum, gewinnträchtige Werte zu schaffen und für sie auf dem Markt so günstige Preise zu erzielen, dass der finanzielle Akkumulationsprozess nicht nur auf Dauer gestellt wird, sondern in immer größere Dimensionen hineinwächst? Im Rahmen seiner Arbeitswertlehre hat sich Marx um eine Erklärung bemüht, diese Theorie aber völlig überlastet, denn sie soll außer der Wertschöpfung im engeren Sinn, der langlebigen Wirtschaftsentwicklung durch die Größe und Verwendung des «Mehrprodukts», den Wachstumsprozess als «erweiterte Reproduktion», die Preisbildung und auch noch die Ausbeutung und die Entfremdung des Menschen erklären. Deshalb sieht Marx in ihr den «Ausgangspunkt der Physiologie des bürgerlichen Systems», «seinen inneren Zusammenhang und Lebensprozess».

Eingestandenermaßen schloss er sich unmittelbar an David Ricardo an, dessen «Principles» für ihn den höchstentwickelten Stand der «bürgerlichen» Politischen Ökonomie repräsentierten. Deshalb entsteht auch bei Marx der Wert etwa eines gewerblichen Produkts aus der ingeniösen Arbeitsfähigkeit des Menschen, der dem Rohstoff durch seine Fertigkeiten und Kenntnisse einen neuen Wert hinzufügt. Wenn der bearbeitete Gegenstand zu einem marktgerechten Preis veräußert wird, stecken in diesem Preis die Kosten des Rohstoffs und der Werkzeuge, vor allem aber der von menschlicher Hand hinzugefügte «Mehrwert». Von ihm wird dem Arbeiter jedoch nur ein Bruchteil zur Sicherung seines Existenzminimums ausgezahlt. Den überwiegenden Teil usurpiert dagegen der Unternehmer in einem klassischen Enteignungsvorgang, um sein Kapital – dessen Verwertungszwängen er so unentrinnbar unterliegt, dass er nur als «Charaktermaske» in einem übermächtigen anonymen Prozess fungiert – unablässig zu vermehren.

Die Marxsche Arbeitswertlehre beschreibt daher einen ununterbrochen anhaltenden Ausbeutungsvorgang. Dadurch wird ein unüberbrückbarer Antagonismus zwischen dem kapitalistischen Unternehmer als Produktionsmittelbesitzer und Profiteur dieser Ausbeutung auf der einen Seite und dem eigentumslosen, aber den «Mehrwert» schaffenden Proletarier auf der anderen Seite konstituiert, der unwiderruflich um die Früchte seiner Leistung betrogen wird. Schon deshalb stehen sich Kapitalisten und Proletarier, durch den Besitz an (oder den Ausschluss von) Produktionsmitteln jeweils in Klassen zusammengefügt, in einem prinzipiellen, in die Struktur der Gesellschaft tief eingesenkten Antagonismus gegenüber. Diese Klassen gewinnen, indem sie das statische Ensemble einer «Klasse an sich» hinter sich lassen, im Konflikt ein Klassenbewusstsein von ihren strukturell identischen Interessen, so dass sie sich in handlungsfähige Akteure in einem klaren Bewusstsein ihrer historischen Aufgabe, in «Klassen für sich», verwandeln.

Marx' Überlegungen beruhen auf Giambattista Vicos profunder Einsicht, dass Menschen nicht in der Natur, sondern in einer von ihnen selbst geschaffenen Kulturwelt leben. Deshalb kann sie vom menschlichen Geist erfasst werden, der auch über wahr und falsch zu entscheiden vermag. Das wurde schon in den 1840er Jahren die wissenssoziologische Grundlage von Marx' Theorie, die es ihm erlaubte, auch ein wahres Bewusstsein von einem falschen zu unterscheiden. Wenn Klassen mit dem «richtigen» Klassenbewusstsein agieren, verschärft eine solche Konstruktion den säkularen Klassenkampf bis hin zum Extrem der revolutionären Spannungslösung.

Und nicht nur das: Außer der Ausbeutung sorgt dieses asymmetrische Verhältnis auch für die «Entfremdung». Gewinnt die Ricardo-Marxsche Arbeitswertlehre zeitweilig ihre Überzeugungskraft aus der anschaulichen Beobachtung kunstfertiger handwerklicher Tätigkeit, beruht das Entfremdungsdogma auf der Idealisierung einer vorkapitalistischen Gesellschaftsverfassung, die es dem wirtschaftenden Menschen angeblich gestattet, sich mit dem Arbeitsvorgang und dem schöpferischen Ergebnis seiner Tätigkeit vorbehaltlos zu identifizieren, so dass er, dem fingierten wahren Wesen des Menschen gemäß, in autonomer Lebenskontrolle sowie in harmonischer Übereinstimmung mit sich, seiner soziokulturellen Umwelt und der Natur zu leben vermag.

Die Kritik an der vermeintlichen Vergewaltigung der wahren menschlichen Natur durch die entfremdende Arbeit fiel wegen ihres fundamentalistischen Charakters besonders wuchtig aus. Marx dachte dabei ganz in den Kategorien des gemeineuropäischen Neuhumanismus, der eine ungebrochene menschliche Existenz allein im Leben des freien Vollbürgers der griechischen Polis verwirklicht sah, so dass diese idealisierende Stilisierung des antiken Bürgerlebens als normativer Maßstab für die Verfallsgeschichte entfremdeter Arbeit unter dem Joch des Kapitalismus diente.

Die gesamte Verlustbilanz, die beim Siegeszug des Kapitalismus entsteht, wird Marx zufolge allein dem Proletariat aufgebürdet, das alle «sozialen Kosten» zu tragen hat, die im Verlauf eines progressiven Evolutionsprozesses entstehen. Diesem Hauptleidtragenden des Kapitalismus weist Marx nun, indem er offensichtlich an das eschatologisch-chiliastische Erbe der jüdisch-christlichen Tradition mit ihren Denkfiguren anknüpft, kompensatorisch eine Erlösungsaufgabe zu. Denn der unpersönliche Geschichtsprozess zugunsten des Kapitalismus kann durch die zielbewusste politische Intervention in einer letzten fundamentalen Krise durch die Revolution des organisierten Proletariats umgelenkt werden in die neue Heilsordnung der «kommunistischen Gesellschaft» der Gleichen, Freien und Gerechten. Über diese Zukunftsgesellschaft hat Marx sich zwar nur spärlich geäußert, dann aber stets als Vision von einer Renaissance des nicht entfremdeten Lebens wie in der antiken Polis – eine eigentümlich anachronistische, nostalgische Utopie vollendeter Moderne im Horizont eines neuhumanistisch geprägten deutschen Bildungsbürgers.

Die Kritik von Marx' Lehre hat längst grundlegende Annahmen seiner Klassentheorie ausgehebelt. Die Mehrwertlehre wurde durch die Preistheorie der Wiener Nationalökonomie ad acta gelegt. Indem alle Produkti-

onsfaktoren einschließlich der menschlichen Arbeitskraft als käufliche Ware mit eindeutig fixierten Preisen
behandelt werden, kann eine nüchterne Preiskalkulation
den je nach Marktlage realisierbaren Gewinnaufschlag
und Verkaufspreis entwickeln, ohne auf diesen mystifi-
zierten Mehrwert (der erst Recht bei maschineller Fab-
rikproduktion nicht einmal tendenziell zu errechnen ist)
und auf seine Beschlagnahmung rekurrieren zu müssen.
Der alte Engels hat auf eine einnehmend undogmatische
Weise die Schlüssigkeit der modernen, auch das «Humankapital» umfassenden Preistheorie bereitwillig anerkannt.

Der Entfremdungslehre liegt ein humanistisches,
hochgradig normativ besetztes Ideal menschlicher Existenz zugrunde. Tatsächlich aber ist die menschliche
Natur so anpassungsfähig, dass sie extrem unterschiedlichen Arbeitsbelastungen, ob in der vorkapitalistischen
oder der kapitalistischen Zeit, gewachsen ist oder aber
gegen die Überforderung durch Sklavenarbeit oder
Fließbandmonotonie wegen der krassen Verletzung kul-
turspezifischer Belastungsstandards aufbegehrt. Eines
ahistorischen Maßstabs nicht entfremdeten Lebens, das
durch die Aufhebung des privaten Produktionsmittel-
besitzes wieder gewährleistet sein soll, bedarf es für eine
schlüssige Kritik an den Zumutungen des Arbeitsprozesses nicht. Wer indes an diese Marxsche Lehre glaubte,
konnte ein klares Feindbild kultivieren, an einer finalen
Veränderung festhalten und mit politischen Aktionen
für sie eintreten. Gerade ihre Simplizität vermochte dynamische Mobilisierungskräfte zu entbinden.

Die historische Mission des Proletariats als eines kollektiven Erlösers und Promotors eines säkularisierten
Paradieses ist durch die Geschichte seit Marx radikal wi-

derlegt worden. Diese Kritik schließt zum einen die Anerkennung nicht aus, dass die von der marxistischen Kampflehre inspirierte organisierte Arbeiterbewegung in den westlichen Industriestaaten gravierende Defizite der kapitalistischen Wirtschaft, Gesellschaft und Politik zu korrigieren, auch den modernen Sozialstaat mit heraufzuführen geholfen hat, sobald sie sich aus einer zivilreligiösen Protestbewegung in den europäischen Normaltypus der reformorientierten Sozialdemokratie verwandelt hat. Zum anderen hat aber der Glaube an die Marxsche Theorie welthistorische Folgen gezeitigt, da er zum Experiment des überall gewaltsam etablierten diktatorialen Staatskommunismus führte, der nach barbarischen Kosten fast überall gescheitert ist.

In zahllosen Varianten haben trotzdem die Begriffswelt und Interpretation der Marxschen Klassentheorie den Sprach- und Gedankenhaushalt des 19. und 20. Jahrhunderts beeinflusst, wann und wo immer es um die Analyse und Bekämpfung Sozialer Ungleichheit ging. In der Regel setzte sich eine ökonomistische Deutung der Klassenentstehung und der Klassengegensätze durch, in dem die besitzende Kapitalistenklasse und das eigentumslose Proletariat einander gegenübergestellt wurden; in dem Fragment eines Kapitels über Klassen im «Kapital» erkannte Marx bereitwillig die rentenbeziehenden Grundeigentümer als dritte Hauptklasse an, hat diese Entscheidung aber weder in theoretische Überlegungen noch in empirische Studien umgesetzt. Zu Recht hat die Kritik darauf insistiert, dass es sich um ein asymmetrisches Herrschaftsverhältnis handelt, das von weit mehr Dimensionen geprägt ist als nur durch die ökonomische Lage. Der Besitz der Produktionsmittel oder der Ausschluss von ihnen beruht in erster Linie auf drastisch

ungleich verteilten, herrschaftlich sanktionierten Verfü-
gungsrechten, die zugleich über zahlreiche Lebenschancen und -risiken entscheiden.

Im Vergleich mit dem Einfluss und Bekanntheitsgrad
von Marx scheint es sich bei seinem deutschen Zeitgenossen Lorenz v. Stein, drei Jahrzehnte lang Ökonomie-
professor an der Universität Wien, nur um eine eher
exotische Randfigur zu handeln.[3] Ein solches Urteil täte
seinem intellektuellen Rang jedoch Unrecht. Stein hat
nach einem längeren Frankreichaufenthalt, während
dessen er die sozialtheoretische Debatte insbesondere
der Frühsozialisten aufgeschlossen rezipierte, in seinem
weit ausgreifenden, umfangreichen Werk auch eine elas-
tische Klassentheorie entwickelt, um die modernen Formen der Sozialen Ungleichheit erfassen zu können. Wie
seine Vorgänger band er sie an den Siegeszug des neuzeitlichen Kapitalismus, dessen Wirtschaftssystem die
neuartige Klassenungleichheit hervorbringe.

Zum einen erweist sich Steins Begrifflichkeit als
weitaus flexibler als Marxens. Seine Kategorien, etwa die
der besitzenden, erwerbenden, eigentumslosen Klassen,
der Berufsklassen und der (auf der Homogenisierung
von positionsnahen Klassen beruhenden) Gesellschafts-
klassen, ermöglichen eine realitätsnahe Analyse. Sie an-
tizipieren auch, fünfzig Jahre vor Max Weber, manche
von dessen Kategorien. Zum anderen erkennt Stein zwar
durchaus einen fundamentalen Gegensatz zwischen privilegierten und strukturell benachteiligten Klassen an,
ist überhaupt sehr konfliktbewusst, billigt aber seinen
Akteuren keine nur geschichtsphilosophisch begründ-
bare historische Mission zu, geschweige denn den Sieg
in einem endzeitlichen Armageddon des Klassenkampf-
fes. Vielmehr plädiert Stein wegen der Härte der Anta-

gonismen ebenso weitsichtig wie programmatisch dafür, die mächtigste menschliche Institution, den Staat, als aktiv ausgleichenden Schiedsrichter einzuschalten, um den Wohlstandsausgleich und damit den inneren Frieden zu gewährleisten. Dadurch wurde er zu einem frühen Theoretiker des modernen Sozialstaats, dem bisher die Regulierung und Zähmung der sozialen Konflikte gelungen ist.

Man hat die Sozialstaatslehre, in seinen Worten: das Postulat eines «sozialen Königtums», auf den Einfluss der Hegelschen Staatsmetaphysik und die Tradition der bürokratischen «Revolution von oben» in Preußen zurückgeführt. Fraglos bewegte sich Stein auch in diesem Horizont, der seinen Sprach- und Ideenhaushalt ein grenzte. Doch war er zugleich auch ein freier, überaus nüchterner und weit denkender Kopf, der mangels überlegener Optionen und voller Skepsis gegenüber Endzeitutopien mit großer Überzeugungskraft der pragmatischen staatlichen Reformpolitik das Wort redete. Erst hundert Jahre später ist der gedankliche Reichtum seines weitläufigen Werkes von der Gesellschaftsanalyse und der Sozialstaatsdiskussion entdeckt, anerkannt und ausgewertet worden.

In den fünfzig Jahren zwischen Karl Marx und Max Weber ist die Theorie der Stratifikation – seit der Jahrhundertwende drang dieser Schichtungsbegriff der Geologie in die Sozialwissenschaften ein – inhaltlich und begrifflich kaum weitergekommen. In England legte die Evolutionstheorie Herbert Spencers, die aus den funktionalen Differenzierungszwängen komplexer moderner Gesellschaften auch die sozialstrukturellen Unterschiede hervorgehen sah, allenfalls zum Teil die gedanklichen Grundlagen für die amerikanische funktionalistische

Soziologie nach dem Zweiten Weltkrieg. Systemkritiker wie John A. Hobson und einige Mitglieder der «Fabian Society» folgten im Grunde einem um seine Geschichtstheologie reduzierten Marx. In Frankreich hielt sich bis Durkheim eine ökonomistische Klassentheorie in der Tradition der verschiedenen Spielarten des Frühsozialismus. In Deutschland besaßen prominente Köpfe der Jüngeren Historischen Schule der Nationalökonomie wie etwa Gustav Schmoller und Werner Sombart einen scharfen Blick für Soziale Ungleichheit, legten aber ihren Analysen uneingestanden ein quasi Marxsches, nur um die politischen und prognostischen Implikationen seiner Theorie gekapptes Modell zugrunde, das ausschlaggebend auf der ungleichen Distribution von Vermögen und Eigentum beruhte. In der adelsfreien hochmobilen Gesellschaft der Vereinigten Staaten regte sich noch nicht das dringende Bedürfnis nach einer genuin amerikanischen Schichtungstheorie, obwohl in dieser Marktgesellschaft katexochen scharf divergierende Besitz- und Erwerbsklassen überaus deutliche Konturen gewannen.

Die überragende Figur in der Entwicklungsgeschichte auch der Stratifikationstheorien ist im 20. Jahrhundert Max Weber, dessen Beiträge zwischen 1890 und 1920 entstanden. Weber verstand sich sehr bewusst als bürgerlicher Anti-Marx, zollte aber auch als dezidiertes «Mitglied der bürgerlichen Klassen» dem großen Vorgänger seinen Respekt, mit dem ganz undogmatischen Urteil, dass sich die künftige Stellung eines jeden Gelehrten nach seinem Verhältnis zu Marx bemessen lasse. Über die damals erst zum Teil gedruckten Schriften von Marx und Engels, auch über die internationale marxistische Literatur besaß er, wie seine Werke-Edition zeigt, einen souveränen Überblick.

Hatte Marx behauptet, er stelle Hegel mit seinem Vorrang der Ideenwelt vom Kopf auf die materiellen Füße, setzte Weber dem Historischen Materialismus Marxens zwar polemisch-pragmatisch den Primat der großen religiösen «Weltbilder» entgegen, die auch das ökonomische Handeln und den Aufbau ökonomischer Institutionen anleiteten. Theoretisch und empirisch ging er aber als Anhänger der konstruktivistischen neukantianischen Erkenntnistheorie von einer doppelten Konstituierung der «Wirklichkeit» aus. Zum einen wird sie durch überindividuelle, anonyme wirtschaftliche, soziale, demographische, politische, kulturelle Prozesse geschaffen, die von der Wissenschaft erfasst und erklärt werden können. Zum anderen wird ihre Wahrnehmung aber ebenfalls stets durch den Sprachhaushalt, die standortabhängige Perzeption, die «Weltbilder» der Individuen und großen Personenverbände strukturiert. Insbesondere Webers universalhistorisch vergleichende Religionssoziologie demonstriert auf äußerst eindrucksvolle Weise, wie weit er selber diesem hohen Anspruch, die «Doppelnatur» vergangener Realität in ihrer Komplexität zu erfassen, gerecht geworden ist.

Eines der Hauptthemen in Webers labyrinthischem Werk ist die Herausbildung des nur im Westen entstehenden Kapitalismus. Deshalb gehört die Sozialstruktur des okzidentalen Kulturkreises zu seinen Interessenfeldern. Allerdings ist sein Werk ein Torso geblieben, und eine geschlossene Abhandlung oder gar eine Monographie zur Klassentheorie fehlt bekanntlich (genauso wie bei Marx), so dass seine Überlegungen aus dem Gesamtwerk herausdestilliert werden müssen. Das Unternehmen lohnt sich jedoch, da Webers Stratifikationstheorie systematisch und historisch so viele Vorzüge besitzt, dass sie – zumal sie wegen der Elastizität ihrer theoretischen und methodischen Prämissen ergänzungsfähig ist – bis heute den meisten konkurrierenden Theorien überlegen bleibt.

Im Gegensatz zum Marxschen Primat des Produktionsprozesses geht Weber von der Annahme aus, dass Gesellschaften immer durch das Zusammenwirken von Herrschaft, Wirtschaft und Kultur konstituiert werden; aus ihrer Interaktion geht auch die Achse der Sozialen Ungleichheit hervor. Den Primat einer dieser Dimensionen gibt es bei ihm nicht. Der historische Prozess wird gewöhnlich durch alle drei Dimensionen geprägt, freilich in variierender historischer Mischung und mit epochenspezifisch unterschiedlich starkem Einfluss. Erst die empirische Forschung kann nachweisen, welche Achse zu einer bestimmten Zeit in einer historischen Konstellation doch die Prävalenz besitzt.

Weber zeigt eine ausgeprägte Neigung, Herrschaft, für ihn eine anthropologische Universalie, als die tendenziell dominierende, den anderen vorgeordnete Potenz anzusehen. «Phänomene der Machtverteilung sind», heißt es etwa unmissverständlich in «Wirtschaft und Gesellschaft», «die Klassen». In seiner historischen Analyse wird jedoch diese Präferenz so diszipliniert, dass kein Monismus aufkommt.[4]

Herrschaft beruht bei Weber stets auf unterschiedlichen Legitimationsprinzipien, unterschiedlichen Machtressourcen, unterschiedlichen Verwaltungsstäben und unterschiedlichen Arten der Appropriation von Herrschaftsmitteln und -rechten. Herrschaft kann keineswegs direkt aus ökonomischer Überlegenheit hergeleitet werden. Vielmehr ist Herrschaft kraft Besitz von Produktionsmitteln nur ein Sonderfall der Verfügungsgewalt über herrschaftlich nutzbare Kapazitäten. Traditionale, patrimoniale, charismatische, rationale Herrschaftssysteme beruhen in der Regel jeweils auf einer anderen Basis, wie Herrschaft als sozial normierte Macht überhaupt in Gestalt verschiedenartiger Durchsetzungschancen von Individuen, Verbänden und Institutionen auftritt.

Wirtschaft als ein Ensemble unterschiedlicher ökonomischer Ressourcen ist auch im Hinblick auf die Struktur Sozialer Ungleichheit fundamental wichtig, denn Klassen beruhen für Weber zunächst einmal in der Regel auf dem Besitz oder Ausschluss von wirtschaftlich nutzbaren Gütern, Leitungsfunktionen, Erwerbsmitteln und Rechtstiteln. Daher kann er «positiv» und «negativ privilegierte» Besitz- und Erwerbsklassen unterscheiden.

Kulturelle Prägekräfte werden von Weber im Hinblick auf die Stratifikationsordnung insbesondere in dreierlei Gestalt berücksichtigt.

1. Im Vordergrund steht der Einfluss der verhaltens- und handlungsleitenden religiösen oder ideellen «Weltbilder», welche die herrschaftliche Organisation, die ökonomische Ressourcennutzung, die Prestigeränge beeinflussen, ja festlegen und legitimieren.

2. Das Verständnis der gesamten gesellschaftlichen Hierarchie ist in dem Sinne kulturell geprägt, dass sie als gottgewollte, «natürliche» Ordnung, als irdisches Spielfeld von Gottheiten und magisch-animistischen Kräften oder aber als ein von Menschen, etwa wegen der eklatanten Ungerechtigkeit, veränderbares, da historisch kontingentes Gefüge verstanden wird.

3. Spezifische «soziale Ehre», Prestige oder Status wird Individuen, Herrschaftsverbänden, Berufsständen, Klassen aufgrund normativer Vorentscheidungen

oder aber aufgrund anderer soziokultureller Bewertungskriterien zuerkannt.

Jedes System der Sozialen Ungleichheit kann daher, Weber zufolge, als ein historisches Strukturgefüge analysiert werden, das durch die ungleiche Verteilung von Macht- und Herrschaftschancen, durch ungleiche ökonomische Lagen, durch ungleiches Prestige und durch unterschiedliche Muster der Weltdeutung charakterisiert ist.

Ähnlich wie Marx verfügt auch Weber über zwei Klassenbegriffe. Da gibt es zum einen den universalisierten Klassenbegriff, der auf den drei Ungleichheitsdimensionen, offenkundig aber primär auf der ökonomischen Lage beruht. Auf diese Weise können babylonische Kaufleute, römische Patrizier, fränkische Ritter, englische Industriearbeiter jeweils in Klassen zusammengefasst werden. Dieser allgemeine Klassenbegriff besitzt spezifische Vorzüge, etwa für den transnationalen, interkulturellen Vergleich oder für die historische Längsschnittanalyse. Er besitzt aber auch spezifische Grenzen, etwa die Verwischung historisch-markanter Unterschiede, den wechselnden Begriffsinhalt usw.

Historisch unvergleichlich präziser ist zum anderen der an die Funktionsmechanik kapitalistischer Märkte gebundene Begriff der «marktbedingten Klassen». Sie beruhen auf der ungleichen Güter- und Leistungsverwertung auf Märkten, mithin auf einer immens variablen Angebotskapazität, die auch über Macht oder Ohnmacht entscheidet. Die Klassenlage wird im Kern als Marktlage verstanden. Diese Kategorie besitzt eine geringere zeitliche Reichweite, aber die größere Trennschärfe und die genauere historische Tiefendimension. Klassenkämpfe treten zwar häufig auf, doch der Klas-

senkampf und Kollektivakteure mit einem ausgebildeten Klassenbewusstsein sind ein historisch seltener
Grenzfall.

In beiden Fällen fasst Weber mit der Kategorie der
«Sozialen Klasse» im historischen Prozess integrierte,
durch gemeinsame Lebenslage, Interessen und regelmä
ßige intergenerationelle Kohäsion verbundene große
Sozialformationen zusammen. Auf diese Weise können
aus dem bunten Pluralismus der Besitz-, Erwerbs- und
Berufsklassen hervorgehende, umfassende, im Grenzfall
auch handlungsfähige Verbände berücksichtigt werden.

Weber hat sich keineswegs auf der Linie der geläufigen historischen Unterscheidung zwischen mittelalterlichen Ständen und neuzeitlichen Klassen dafür entschieden, die Entwicklung der Klassengeschichte als
das große Thema der Ungleichheitsanalyse anzusehen.
Vielmehr ging er von der prinzipiellen theoretischen
Annahme aus, dass die Sozialstruktur von Herrschaftsverbänden gewöhnlich durch ein Mischungsverhältnis
von «Klassenlage» und «ständischer Lage» gekennzeichnet ist.

In der politischen Neuzeit des Westens bezieht sich
die Klassenlage in der Regel auf marktbedingte Klassen
mit ihren von «Besitz- oder Leistungsqualifikation abhängigen Versorgungs- und Erwerbschancen» mit allen
«daraus folgenden allgemein typischen Lebensbedingungen». Die ständische Lage dagegen, die durchaus aus
der historischen Erfahrung mit den privilegierten Ständen des europäischen Mittelalters hergeleitet wird, ist
vor allem durch «Unterschiede und die Art der Lebensführung» und die damit zusammenhängende «positive
oder negative soziale Ehre» charakterisiert. Sie steht in
einem typischen Zusammenhang mit dem Abstam-

mungs- und Berufsprestige, mit dem «rechtlich gesicherten Monopol auf Herrenrechte, Einkommen und Erwerbschancen», mit rituell stereotypierten Konventionen wie dem exklusiv regulierten Konnubium und Kommerzium, so dass als Stand, gleich welcher historischer Epoche, eine unter diesen Bedingungen «vergesellschaftete Menschengruppe» gilt. Weber geht gelegentlich sogar so weit, die ständische Lage oder das Prestigegefälle «die soziale Ordnung» schlechthin zu nennen.

In der Geschichte treten Klassenlagen und ständische Lagen häufig gleichzeitig, wenn auch mit unterschiedlicher Intensität auf. In Zeiten eines rapiden ökonomisch-technologischen Umbruchs etwa drängt sich, so hat übrigens auch Friedrich Engels argumentiert, die Klassenlage in den Vordergrund, während in Zeiten saturierter Stabilität die Prominenz ständischer Charakteristika in der Stratifikationsordnung hervortritt. Webers Überlegungen gestatten es daher, den wechselnden Rang ständischer Elemente nicht nur in der Ständegesellschaft der Vormoderne, sondern von den ersten Hochkulturen bis zur Gegenwart herauszuarbeiten. Weber galt z.B. das neuhumanistisch gebildete Bürgertum, in dem durchaus marktabhängige Erwerbs- und Berufsklassen dominierten, als typisch ständisch vergesellschaftete Formation. Die analytische Anerkennung dieser Zwillingsnatur der Sozialen Ungleichheit verschafft der Weberschen Hierarchietheorie von vornherein eine ungleich größere Spannweite und Differenzierungsfähigkeit als sie die Marxsche Theorie besitzt, selbst wenn diese von Neomarxisten ziemlich elastisch gehandhabt wird.

Überdies besitzt Webers Stratifikationstheorie einen evolutionstheoretischen Grundzug. Als explizit angegebenes Richtungskriterium der modernen Gesellschaftsentwicklung im Zeitalter des Kapitalismus gilt ihm der «Fortschritt» zur «klassengegliederten Gesellschaft». Sie ist jedoch nicht in das Prokrustesbett der Marxschen Geschichtsphilosophie gespannt, kennt weder einen säkularisierten Erlöser in Gestalt des Proletariats noch eine politische Utopie mit Endzeitprophezeiungen. Vielmehr respektiert Weber die große, gleichwohl nicht beliebige Bandbreite gerichteter Evolutionsprozesse, die aber durch technische Umwälzungen oder durch Charismatiker kontingent verändert werden können. Die Zukunft bleibt daher trotz aller einengenden Bedingungskonstellationen relativ offen.

Ungeachtet ihrer Meriten hat sich die Webersche Trias der Ungleichheit von Herrschaft oder Machtressourcen, ökonomischer Lage und sozialer Ehre in der empirischen, namentlich in der komparativen Forschung als eine doch noch erweiterungsbedürftige Konzeption erwiesen. Drei weitere Ungleichheitsdimensionen sind daraufhin zunehmend berücksichtigt worden: Die Unterschiede des Geschlechts, des Alters und der ethnischen Zugehörigkeit wirken in hohem Maße auf das Strukturgefüge der Sozialen Ungleichheit ein. Die anfängliche Neigung, sie als physiologische Qualitäten anzusehen, ihnen als vorgegebenen quasi-biologischen Bedingungen einen eigenen Geltungsbereich zuzuweisen, ist der Einsicht gewichen, dass Geschlecht und Alter auch, im gesellschaftlichen Kontext sogar vorrangig, soziale Konstrukte sind. Ethnische Verbände sind ebenfalls keine essentialistischen Einheiten, sondern beruhen weithin auf der sozialen Erfindung kultureller Traditionen. Die dreifache Ergänzung der Weberschen Konstanten hat das Interpretationsschema weiter differenziert, umfassender, elastischer gemacht.

Noch entschiedener als Weber hat der französische Soziologe Émile Durkheim, ein weiterer Gründungsklassiker der modernen Sozialwissenschaft, seine Gegenposition zu Marx entfaltet, da nach seiner Auffassung alle Gesellschaften durch ihr Wertesystem nicht nur integriert, vielmehr geradezu konstituiert werden. Damit postulierte er einen neuen Primat, der sich von Marx' Historischem Materialismus und den drei Achsen Webers scharf abhebt, aber in dichter Nähe zum Vorrang der Ideenwelt des deutschen Historismus steht. Durkheims Grundproblem ist die Gewährleistung von gesellschaftlicher Ordnung, um den aus dem individuellen Egoismus hervorgehenden Hobbesschen Krieg aller gegen alle zu vermeiden. Ordnung wird aber, das ist der Kern seiner Überlegungen, geschaffen und aufrechterhalten allein durch den normativen Konsens, der im «kollektiven Bewusstsein» verankert ist – eine historisch variable Größe, die ursprünglich überall aus der Matrix der Religionen hervorgeht.

Schichtungsspezifische Wertsysteme tragen nach Durkheim auch zur Integration der einzelnen sozialen Formationen bei, und diese Systeme müssen wiederum untereinander kompatibel sein, um die gesamtgesellschaftliche Kohäsion gegen die desintegrierende Arbeitsteilung auf Dauer aufrechtzuerhalten. Stellt der für alle Individuen geltende Leistungsimperativ den schichtspezifischen Wertekanon in Frage, kann das im Grenzfall zu Orientierungslosigkeit, zur Anomie führen. Im Allgemeinen steht ihr aber Durkheims Wertekodex entgegen, denn er ist eng mit der Funktions- und Rollendifferenzierung innerhalb einer Gesellschaft verkoppelt. Er legitimiert in der Regel ihre wichtigen und diskriminiert ihre unwichtigen Funktionen. Soziale Ungleichheit ist daher, so gesehen, notwendig, um der Hierarchie der extrem unterschiedlichen gesellschaftlichen Funktionsbedürfnisse gerecht zu werden, indem die kompetenten Rollenträger auf sie hingelenkt werden. Angesehener Status heftet sich zwangsläufig an gesellschaftlich privilegierte Funktionen, und da Status eine knappe, darum heiß begehrte Ressource ist, wird er zum wichtigsten sozialen Unterscheidungsmerkmal. Das Stratifikationssystem als Statushierarchie fungiert mithin als Anreiz für die Akzeptanz der gesellschaftlichen Rollenverteilung.

Durkheim gilt zu Recht als Vater jener Theoriefamilie, welche die Stratifikationsordnung streng funktionalistisch interpretiert. Die selbstadaptive Gewährleistung der Funktionsfähigkeit der Gesellschaft in einem ausbalancierten, stets zum Gleichgewichtszustand tendierenden System – das ist ihre regulative Idee. Dem Imperativ der Erhaltung gesellschaftsstabilisierender Strukturen entsprechend müssen unverzichtbare Funktionen angemessen wahrgenommen werden, und in diesem System prästabilisierter Harmonie geschieht das auch durchweg dank dem wohltätigen Prozess der Systemerhaltung.

Talcott Parsons, seine Schüler Robert K. Merton und Kingsley Davis haben zusammen mit zahlreichen anderen Adepten im Ambiente der relativ konfliktarmen amerikanischen Dauerkonjunktur während der beiden ersten Nachkriegsjahrzehnte diese auf Konsens und heterogener Leistungsfähigkeit beruhende strukturfunktionalistische Deutung der Sozialen Ungleichheit verfochten. Sie gewann zeitweilig eine erhebliche akademische Resonanz, weil sie der fortschrittsgläubigen, sozialharmonischen Mentalität ihrer Anhänger weit entgegenkam.

Aufgrund der Auswirkungen einer überzeugenden Kritik, die diesem Funktionalismus zu Recht die Tendenz vorwarf, die harten Konsequenzen der Macht- und Herrschaftsverteilung, die Barrieren der ökonomischen Klassenlagen und ethnisch-kulturellen Divergenzen, die relative Autonomie der «Weltbilder» und Normensysteme, den Einfluss von Geschlecht, Alter und ethnischer Zugehörigkeit unterschätzt oder sogar völlig ignoriert zu haben, ließ ihr Einfluss aber ebenso nach wie aufgrund der seit den späten 1960er Jahren veränderten gesellschaftlichen Konstellation in den Vereinigten Staaten selber. Von dem hochgemuten Anspruch des Strukturfunktionalismus ist inzwischen nicht mehr viel übrig geblieben, von seinen empirischen Studien nur eine Reihe von Arbeiten zur sozialen Mobilität, wo die Aufstiegsdynamik (die ebenfalls stets präsente Abstiegsdynamik wurde fast regelmäßig ignoriert) auf mysteriöse Weise zugunsten der Funktionserfüllung tätig war.

Und dennoch: Befreit man den Strukturfunktionalismus von seinen übermäßig hochgeschraubten Ansprüchen und historisiert man konsequent seine universalisierten Denkfiguren und den Untersuchungsgegenstand, kann die Stratifikationsanalyse von ihm noch manches lernen, zumal er dazu zwingt, die eigenen theoretischen Prämissen zu überprüfen, die Bedeutung verhaltensleitender Wertsysteme ganz à la Weber und Durkheim ernst zu nehmen und nach den Ursachen der keineswegs selbstverständlichen Kohäsionskraft von Gesellschaften zu fragen. Daher wirkt es nicht nur voreilig, sondern als Ausdruck unfundierter Arroganz, wenn dem Strukturfunktionalismus nur mehr ein klägliches Begräbnis attestiert wird.

Einen Zugewinn hat in den letzten Jahren die Debat-

te über die Einführung der «neuen Kulturgeschichte»
oder «historischen Kulturwissenschaft» gebracht, allgemeiner gesagt: die Aufwertung von «Kultur» durch den
«linguistic turn», den erkenntnistheoretischen Relati-
ven Konstruktivismus und andere Spielarten der «postmodernen» oder «poststrukturalistischen» Theoriedis-
kussion.[5] In wissenschaftsgeschichtlicher Perspektive
besitzt dieser Zugewinn jedoch nur wenige neuartige
Züge. Denn im Kern handelt es sich zum einen um die
Wiederanknüpfung an die Sprachphilosophie des Historismus, erweitert freilich um die strukturalistische
Sprachtheorie Ferdinand de Saussures und seiner späten
Anhänger, zum anderen um die Renaissance der neukantianischen Erkenntnistheorie um 1900. (Über die bizarren Exzesse des Radikalen Konstruktivismus, dem-
zufolge die ganze Welt nurmehr ein Text sein soll, und
über die Realitätsferne des ahistorischen Theorieimperi-
alismus einiger postmoderner Literaturwissenschaftler
und Philosophen kann man hier stillschweigend hin-
weggehen.)

Die Erweiterung erkenntnisleitender Interessen, damit auch der theoretischen Forschungsperspektiven besteht daher nicht aus einem eindeutigen Fortschritt, sondern aus der (manchen Debatteteilnehmern offenbar
unbekannten) Rückkehr zu einer Grundeinsicht der
neukantianischen, mithin auch der Weberschen Erkenntnistheorie, dass nämlich zur doppelten Konstituierung von Wirklichkeit außer der Wirkung der realhistorischen Prozesse auch immer die Dimension gehört, wie
der Sprachhaushalt und die Ideenwelt, die Realitätsper-
zeption, die «Weltbilder» der historischen Akteure diese
Wirklichkeit mitbestimmen. Diese Einsicht, auf welche
die Hermeneutik des Historismus und die «verstehende

Soziologie» Webers solchen Wert gelegt haben, ist im Verlauf der empirischen Forschungsarbeit von Historikern und Soziologen, die sich auf die «Realien» konzentriert haben, häufig zu sehr zurückgetreten oder sogar ganz verloren gegangen, so dass sie heute wieder innovativ wirkt – und das faktisch auch sein kann. Sogar bei der Wiederentdeckung Webers seit den 1950er Jahren kam öfters ein handlungstheoretisch «halbierter» Weber zur Geltung. Insofern hat die «kulturalistische Wende» zu einer bereits vor hundert Jahren als notwendig erkannten Vervollständigung des theoretischen Ansatzes auch in der Stratifikationsanalyse geführt.

Inzwischen ist erneut klar geworden, in welchem Maße die Interpretation des realhistorischen Prozesses von dem Begriffsinstrumentarium der Zeitgenossen, von ihrer Wahrnehmung, von der Deutungsmacht ihrer dabei ins Spiel kommenden «Weltbilder» abhängt. So kann etwa eine moderne marktbedingte Klassengesellschaft in den Weberschen Klassenbegriffen, in sozialpartnerschaftlichen, gradualistischen Schichtungsbegriffen, in sozialromantischen Ständebegriffen oder in der Sprache der mobilitätsoffenen «nivellierten Mittelstandsgesellschaft» ganz unterschiedlich gedeutet werden. Und akzeptable Interpretationen vermögen dann wiederum das Handeln von Individuen oder Verbänden verbindlich anzuleiten. Kurzum: Die Ungleichheitsforschung kann aus einem sprachanalytisch, begriffs- und ideengeschichtlich erweiterten Kategoriensystem nur Gewinn ziehen, sofern es diszipliniert verwendet wird und seinerseits nicht einen illusionären Monopolanspruch geltend macht.

Zu den neuen Strömungen in der Stratifikationsforschung gehört auch die Lebensstilanalyse, die ziemlich umstandslos aus der amerikanischen Konsumforschung übernommen worden ist. Unabhängig von ihr, gelegentlich aber auch mit ihr verbunden, ist zudem der Anspruch angemeldet worden, einen neuartigen Gesellschaftstypus ausgemacht zu haben, die «Erlebnisgesellschaft» oder die «Risikogesellschaft», die sich beide von der modernen Markt- und Klassengesellschaft strukturell unterscheiden sollen. Die Lebensstilforschung geht von der Prämisse einer vermeintlich unwiderstehlichen Pluralisierung und Individualisierung aller Modi der Lebensführung in den westlichen Industriestaaten aus. Dadurch würden, heißt es, überkommene Klassengrenzen nicht nur verwischt, sondern geradezu aufgehoben. Denn der Lebensstil ist zwar an Generationen gebunden, gilt aber als ein klassenübergreifendes Phänomen. Jeder kann sich angesichts des dramatisch angehobenen Wohlstandsniveaus dieser Länder je nach der generationellen Präferenz modische Kleidung, modische Elektronik, modische Wohnungseinrichtung, modische Musik, modische Ferienorte gönnen. Vor dieser Gemeinsamkeit der friedlich koexistierenden Lebensstile verschwinden angeblich die Unterschiede der sozialen und beruflichen Herkunft, der Prägung durch sozialmoralische Milieus und soziale Klassen.

Tatsächlich gibt es eine bunt aufgelockerte Vielfalt der Lebensstile und die einem verwirrenden Angebot folgende hektische Jagd der jüngeren Generationen nach «Erlebnissen» in den westlichen Gesellschaften; sie sind ganz so unübersehbar vorhanden wie der modische Uniformierungstrend etwa der Dresscodes. Diese Vielfalt wirkt auch auf die Selbsteinschätzung und soziale Verortung ihrer Mitglieder ein. Doch sie ist ebenso unwiderlegbar an die materiellen und mentalen Ressourcen der marktbedingten Klassen gebunden, die weiterhin harte Grenzen des Lebensstils markieren: die neueste Jeansmode für jedermann, Armani, Rolex und Ferrari jedoch für kleine Eliten, deren aufwendiger «demonstrativer Konsum» sie als solche sichtbar ausweist. Die nüchterne empirische Sozialstrukturforschung zeigt eindeutig, dass die bunten Tupfer unterschiedlicher Lebensstile die harten Strukturen Sozialer Ungleichheit nur unwesentlich beeinflussen. Krass ungleiche Einkommen, ungleiche Machtchancen, ungleiche Bildungswege, ungleiche Prestigezuweisungen bleiben weiterhin bestehen und formen die Alltagswelt.

Die faszinierende Frage Pierre Bourdieus dagegen, ob Klassenkonflikte um Macht und Herrschaft nicht als Wettbewerb um den überlegenen Lebensstil der «Distinktionsklassen» ausgetragen werden, ist – abgesehen von Bourdieus empirischer Antwort für Frankreich – von der internationalen Ungleichheitsforschung noch viel zu selten, erst Recht nicht konsequent und vergleichend, aufgegriffen worden. Die Lebensstilforschung demonstriert überdies eindringlich, welchen Preis die Soziologie zahlen muss, wenn sie auf den bewährten konzeptionellen Nexus zwischen Wirtschafts- und Sozialverfassung weithin verzichtet, stattdessen aber den kaleidoskopartigen Wechsel von Oberflächenphänomenen für einen Strukturwandel ausgibt.

Noch weniger erklärungskräftig ist das Konzept der «Risikogesellschaft», obwohl es im Stil des gehobenen Feuilletons mit glitzernden Wortkaskaden verteidigt worden ist. Denn es fingiert die existenzprägende Durchsetzungskraft allgegenwärtiger Gefahren, die etwa aus der Umweltausbeutung, der Luft- und Wasserverschmutzung, dem Massenverkehr, dem Rüstungs-

wettlauf, den tödlichen Massenkrankheiten hervorgehen. Angeblich ist jedermann diesen Risiken ausgesetzt,
alle sind Opfer einer Entwicklung, welche die düstere
Kehrseite des janusköpfigen industriellen Fortschritts
und der Globalisierung enthüllt. Kein Wunder, dass die
«Risikogesellschaft» im Gefolge der Angstpsychose der
Friedensbewegung und der Tschernobylkritik in den
80er Jahren zeitweilig zum Modethema aufstieg.

Unstreitig haben die industriellen Gesellschaften ihr
eigenes, schwer zu zähmendes Gefahrenpotential aufgebaut, das häufig die Klassengrenzen nicht respektiert.
Insofern ist eine Kritik berechtigt, die auf den nicht in-
tendierten verhängnisvollen Folgen dieser Entwicklung
insistiert. Nicht ignoriert werden kann jedoch, dass es
bei näherem Hinsehen zum einen doch gravierende,
durchaus klassenspezifische Unterschiede gibt, was das
Ausmaß der Betroffenheit und die Reaktionen auf sie
angeht («Wer arm ist, muss früher sterben»). Zum andern gibt es klassenunterschiedliche Ressourcen, um die
Risiken einzudämmen, zu vermindern oder ganz zu vermeiden. Der Grad des Gefahreneffekts und die Verteidi-
gungschance verweisen alsbald wieder auf die klassenspezifisch unterschiedliche Brechung des Risikoanpralls.
Der Charakter der Stratifikationsordnung wird daher,
um das Mindeste zu sagen, durch Begriffe wie Risikogesellschaft, die durchaus zeitgenössische Ängste treffen
und deshalb ein Echo finden, nicht von ferne getroffen.

An anderen Problemen sind bisher Großtheorien
wie etwa die Systemtheorie von Niklas Luhmann gescheitert. Zum einen bewegt sie sich gewöhnlich auf einem so hohen Abstraktionsniveau, dass es bisher nicht
möglich gewesen ist, sie auf die tiefer liegende Ebene einer theoretisch angeleiteten historischen Forschung zu

transferieren. Außerdem ist der von Luhmann unterstellte Evolutionstrend von der sogenannten «Stratifikation» vormoderner Verbände zur sogenannten «Differenzierung» moderner Gesellschaften eine Fehlkonstruktion, die von der Sozialgeschichte widerlegt wird. Zum anderen operiert Luhmann mit selbstreferenziellen Akteuren und der Autopoeisis des Sozialsystems, was vor allem darauf hinlenkt, wie «Wirklichkeit» jeweils entworfen und verstanden wird. Die kausal-funktionale Frage nach dem Woher, nach den Ursachen und restriktiven Bedingungen wird daher ausgeblendet. Während die Juristen mit der Systemtheorie Luhmanns offenbar produktiv arbeiten können, erweist sie sich für die historisch-sozialwissenschaftliche Ungleichheitsforschung als ein stumpfes Instrument – mit Ausnahme freilich jener Anregungen, die auch von ihr, die kulturwissenschaftlichen Impulse verstärkend, zugunsten einer Analyse der Selbstbeschreibung von Gesellschaften ausgegangen sind. Im Grunde bleibt Luhmann ein philosophischer Sozialtheoretiker, der vielleicht – wie das in der Wissenschaftsgeschichte öfters vorkommt – nach einer längeren Inkubationsphase die empirische Forschung doch einmal anzuleiten vermag.

Die Geschlechtergeschichte ist, obwohl die bipolare Welt der beiden Geschlechter nach ihrer symmetrischen Analyse verlangt, ziemlich lange auf die Frauengeschichte eingeengt worden. Das ist wegen der politischen Emanzipationsziele namentlich der feministischen Sozial- und Geschichtswissenschaftlerinnen, aber auch wegen des immensen Nachholbedarfs verständlich. Es hat jedoch zu einer Verzerrung der Proportionen und des Urteils geführt, häufig etwa im Sinne einer universalhistorischen Leidensgeschichte. Darunter hat die historische Analyse der geschlechtsspezifischen Dimensionen Sozialer Ungleichheit erheblich gelitten. Auch ist der uralte Streit, ob man den Einfluss der genetisch kodierten Veranlagung oder des Sozialmilieus höher zu veranschlagen habe, in der postmodernen Debatte über den Vorrang der soziokulturellen Geschlechtskonstruktion (die besonders Judith Butler auf eine neue Höhe dogmatischer Verabsolutierung getrieben hat) oder des individuellen Erbes fortgesetzt worden. Das ist weder der erkenntnistheoretischen Konstruktionsarbeit noch der empirischen Erforschung weiblicher Ungleichheitslagen zugute gekommen.

Inzwischen ist jedoch die Korrektur mancher Einseitigkeiten in Gang gekommen, obwohl auf der anderen Seite auch die ideologische Extremisierung noch anhält. Immerhin gewinnt die realistische Auffassung an Boden, dass die Welt der Geschlechter einer Ellipse mit zwei Brennpunkten gleicht, mithin auf die Dauer als Frauen- und Männergeschichte zugleich analysiert werden sollte. Wenn das, wie in neueren Studien, theoretisch und empirisch umsichtig geschieht, brechen sogleich tradierte Stereotypen der älteren feministischen Interpretation (stabile weibliche und männliche Geschlechtscharaktere, öffentliche = männliche, private = weibliche Sphäre usw.) so eklatant zusammen, dass sie durch eine realitätsnähere Deutung ersetzt werden müssen. Nötig ist aber außer der mittlerweile etablierten Frauengeschichte vor allem eine ebenso kritische Männergeschichte, damit dann die naive Selbstverständlichkeit der männlichen Perspektive aufgelöst und die geschlechtsspezifische Prägung vieler Ungleichheitsdimensionen ausgewogen und glaubwürdig erfasst werden kann. Vorerst bleibt sie im Vorfeld analytischer Stringenz, einem bunten Kaleidoskop von Beschreibungen und Interpretationen der Umstände gleichend, wie Soziale Ungleichheit von Frauen erfahren und durch ihre geschlechtsspezifischen Positionszuweisungen geprägt worden ist, häufig stecken.[6]

Seit geraumer Zeit ist eine theoretische, methodische und empirische Herausforderung der modernen Stratifikationsforschung, wahrscheinlich ihr attraktivstes neues Modell, mit dem Werk von Pierre Bourdieu verbunden, der weltweit als einer der anregendsten Köpfe der Sozialwissenschaft gilt.[7] Erkenntnistheoretisch bewegt sich Bourdieu auf der Höhe des gegenwärtigen Reflexionsniveaus, da er frühzeitig von der «Doppelnatur» der sowohl realhistorischen als auch sozial konstruierten Wirklichkeit ausgeht. Methodisch hat er sich nie auf einen ökonomistisch oder kulturalistisch verkürzten Klassenbegriff gestützt. Vielmehr orientierte er sich stets an den «Kristallisationen» der großen Ungleichheit generierenden Potenzen, mithin der Ungleichheit der Macht- und Herrschaftschancen, der Wirtschaftslage, des Prestiges, des Alters, des Geschlechts, der ethnisch-kulturellen Verbände. Im Zentrum steht bei ihm die Klassenstruktur moderner Gesellschaften – paradigmatisch durch Frankreich vertreten – als eine durch Kontinuität und Konflikt, weit weniger durch Diskontinuität und Konsens bestimmte Macht- und Privilegienhierarchie, an der Bourdieu vor allem die Prägekraft und Phänomenologie der «feinen Unterschiede» interessieren. Sein Ziel ist nicht eine Gesellschaftstheorie, sondern eine theoretisch wie methodisch möglichst zuverlässig abgesicherte empirische Analyse mit überzeugender Erklärungskraft.

Bourdieu ist es gelungen, vier sozialwissenschaftliche

Traditionen in seinem Werk zusammenzuführen. Sie werden von Weber, Marx, Durkheim und Lévi-Strauss verkörpert. Von Weber hat Bourdieu übernommen: die Handlungstheorie und den Konstruktivismus der gesellschaftlichen «Doppelnatur»; die Leitperspektive von der sozialen Funktion symbolischer Güter und Praktiken; den Zusammenhang von Lebensführung und sozialer Ehre als einem systematischen Nexus zwischen materiellen Lebensbedingungen und Lebensstil; Legitimation und Charisma als Zusammenhang von symbolischer Macht und ökonomischem, sozialem und kulturellem Kapital. Die Funktion von Webers «Weltbildern» als «Weichenstellern» für die «Dynamik der materiellen und ideellen Interessen» wird übersetzt in die Ökonomie symbolischer Güter, in die Akkumulation symbolischen Kapitals, in den Kampf um symbolischen Profit. Wenn ein ENA-Absolvent überhaupt auf den Schultern von Riesen stehen darf, steht Bourdieu auf Webers Schultern.

Ganz undogmatisch hat Bourdieu auch Marx rezipiert. Mit Hilfe der Ideen von Weber und Durkheim möchte er Marx' Systemdenken zu einer umfassenden Theorie der materiellen, kulturellen und symbolischen Dimensionen des Gesellschaftslebens erweitern. Anstatt aber die Kultur von der materiellen Ökonomie zu trennen, insistiert Bourdieu auf der Einheit des materiellen und kulturellen Lebens. Gesellschaft erscheint ihm, analog zu den Weberschen Wertsphären, als die Summe homologer, relativ autonomer Felder, wobei das Feld der symbolischen Reproduktion denselben Analyseregeln unterliegt, wie das der materiellen Ökonomie. Bourdieu verficht, wie er diesen Ansatz selber charakterisiert, einen in Webers Religionssoziologie bereits befolgten «aufgeklärten Materialismus», denn alle Praxis ist interessengeleitet und kann daher als ökonomische Praxis untersucht und gedeutet werden. Jeder Ökonomismus ist Bourdieu verhasst, er beharrt jedoch auf klassenspezifischen Unterschieden der Nutzung und Bedeutung sowohl der materiellen als auch der symbolischen Güter und Praktiken, auf der klassenspezifischen Natur von Interessen, Investitionen und Gewinnsorten, auf der klassenspezifischen Ungleichverteilung von Lebenschancen. Eben darauf beruht die Ungleichheit der materiellen und symbolischen Machtverteilung auf allen gesellschaftlichen Feldern.

Von Durkheim hat Bourdieu die Soziologie der symbolischen Formen als «soziale Tatsachen» übernommen. Insofern geht es ihm stets um die Genese von Denkmustern und Perzeptionsweisen, um die Korrespondenz zwischen sozialen und symbolischen Strukturen. Die kognitiven Strukturen der Akteure werden, kurz gesagt, als verinnerlichte soziale Strukturen begriffen. An kollektiven Repräsentationen interessieren Bourdieu die sozialen und kognitiven Funktionen im Hinblick auf die Machtverteilung, während sie bei Durkheim vom Imperativ der sozialen Integration dominiert werden. Ohne den Glauben an diesen Konsenszwang hat Bourdieu die Wissenssoziologie der Ungleichheit weitergetrieben.

Von Claude Lévi-Strauss, seinem akademischen Lehrer, hat Bourdieu das Erbe eines mächtigen Strukturalismus in der Ethnologie übernommen, der das Denken in den Systemvorstellungen von Marx und Weber noch verstärkt hat. In der Tradition jener Kulturanthropologie, welche die Bedeutung der «sozialkulturellen Persönlichkeit» zu präzisieren suchte, hat er dann sein Habitus-Konzept entwickelt. Durch diese Humanwissenschaft wurde seine Aufmerksamkeit auch darauf gelenkt, wie Werte, Normen, Symbole die soziale Praxis gestalten. Durch sie wurde seine Sensibilität gegenüber dem Problem geschärft, wie die komplizierte materielle und kulturelle Einheit der sozialen Welt erfasst werden könnte. In der Ethnologie, wie er sie unter den Kabylen Nordafrikas selber praktiziert hat, fand Bourdieu einen andauernd aktiven Kategorien- und Ideenspender seiner Ungleichheitsforschung.

Bourdieu hat sie theoretisch und vor allem empirisch in immer neuen Anläufen in seinem weit verästelten, umfangreichen Werk vorangetrieben. Klasse bleibt für ihn, wie für Marx und Weber, die analytische Zentralkategorie. Aber im Vergleich mit ihnen wird Bourdieus Theorie erweitert um die Dimensionen des kulturellen Kapitals, der symbolischen Macht und des Habitus, da Klassen nach seiner Auffassung nicht nur auf den Unterschieden der materiellen Lebensbedingungen, sondern auch ganz wesentlich auf dem ungleichen Zugang zu den diversen Kapitalsorten und Machtressourcen sowie auf ihrem spezifischen Habitus beruhen.

Das weite Spektrum an materiellen Lebensbedingungen von sozialen Klassen wird empirisch ermittelt. Aber für die Machtanalyse differenziert Bourdieu den summarischen Begriff des Kapitals in vier Sorten:

1. Das ökonomische Kapital entspricht dem traditionellen Kapitalbegriff von Ricardo und Marx.

2. Das soziale Kapital meint das Netzwerk und jene zahlreichen Ressourcen, die der Familienverband zu nutzen gestattet – oder aber nicht besitzt.

3. Das kulturelle Kapital umfasst Bildung, Wissen, Geschmack. Es tritt objektiviert z.B. in Büchern, Bildern, Teppichen zutage; internalisiert im ästhetischen

Urteil; institutionalisiert in akademischen Titeln. Alle drei Kapitalsorten beeinflussen in der Regel im Verbund die soziale Machthierarchie.

4. Das symbolische Kapital ist ein (gewöhnlich auf den drei anderen Kapitalsorten beruhender) Vorschuss auf legitime soziale Wertschätzung. Es steigert den Anspruch auf «Deference», auf Respekterweisung, und legitimiert damit die Herrschaftsausübung.

Alle Kapitalsorten sind in Bourdieus System nicht nur wechselseitig konvertierbar, vielmehr gestatten sie auch, klassenspezifische Machtpotentiale – oder den Ausschluss von ihnen – differenziert zu bestimmen.

Mit seinem Habitusbegriff ersetzt Bourdieu nicht nur das marxistische Klassenbewusstsein, sondern auch den Begriff der «sozialkulturellen Persönlichkeit», mit dem die amerikanische Kulturanthropologie seit längerem operiert hatte, um jene innere Steuerungsinstanz des Individuums zu charakterisieren, die durch die Internalisierung gesellschaftlicher Werte und Normen, Handlungsanweisungen und Geschmacksrichtungen aufgebaut wird. Insofern bildet der Bourdieusche Habitus ein Scharnier zwischen Gesellschaft, Klassenlage und sozialer Praxis einerseits, kultureller Sinndeutung, Symbolkonstruktion und «Weltbild» andererseits. Er verkörpert die Summe aller im Sozialisationsprozess verinnerlichten Dispositionen, welche die Perzeption der Umwelt, das Denken, das Verhalten, die Emotionen, die Körpersprache usw. steuern. Er bildet in Bourdieus vielzitierter Definition eine «Handlungs-, Wahrnehmungs- und Denkmatrix», die sowohl mental als auch durch die körperliche «Einverleibung», analog zu Foucaults «Einkörperung», aufgebaut wird.

Gesellschaftliche Erwartungen werden in das Innere,

in den Habitus des Individuums hineinverlagert, und durch den Habitus wird dann wiederum die gesellschaftliche Konsistenz aufrechterhalten. Dabei besitzt der Habitus in Bourdieus Worten «eine strukturierte und eine strukturierende» Kapazität, die überdies stets geschlechtsspezifisch geprägt ist. Der Habitus gewährleistet zwar die gesellschaftliche Kontinuität, bleibt aber flexibel und kann durch die Erfahrung etwa von Krisen und Umwälzungen umgebaut werden. Da der Habitus stets klassenspezifisch modelliert wird, trägt er zur inneren, zur habitualisierten Kohärenz sozialer Klassen bei. Mit ihm hat Bourdieu ein analytisches Instrument aus den Anregungen der Ethnologie und der Sozialisationsforschung gewonnen, dessen Differenzierungsfähigkeit über den Nutzen des altertümlichen, sei es «richtigen» oder «falschen», Klassenbewusstseins weit hinausgeht.

In der methodischen Vorbereitung seiner empirischen Analyse nutzt Bourdieu Webers Vorstellung, dass die gesellschaftliche Prestigehierarchie häufig nicht auf ökonomischem Vorrang beruht, sich vielmehr aus der Fusion von Erwerbsklassenlage und ständischer Lage ergibt. Moderne «Distinktionsklassen», so werden in Bourdieus vereinheitlichender Klassenterminologie die älteren Statusgruppen definiert, legitimieren ihre Privilegien durch die Kultivierung ihrer Sonderstellung und sozialen Ehre. Eben diese Anstrengung lenkt Bourdieu auf die sorgfältige Unterscheidung der «feinen Unterschiede» zwischen den «Distinktionsklassen» und anderen Sozialformationen hin, die sich durch ihr kulturelles Kapital und ihre sublimierte symbolische Macht behaupten und rechtfertigen. Während für Weber der Nachweis im Vordergrund steht, dass Macht und eventuell ständische Lage die modernen Klassen und das

Ausmaß ihrer Lebenschancen konstituieren, fragt Bourdieu intensiv danach, wie Macht und Herrschaft überhaupt erzeugt (oder verweigert) und wie sie dann durch soziale Praktiken, die sowohl auf den materiellen wie den ideellen Existenzbedingungen als auch auf den im Habitus gebündelten Dispositionen beruhen, erhalten werden.

Dank seiner Fusion von Klassikertradition und Ethnologie, von empirischer Sozialforschung und Hermeneutik kann daher Bourdieus Stratifikationsanalyse auf vier unterscheidbaren analytischen Ebenen operieren:

1. Klassenspezifische Differenzen des Konsums und Freizeitverhaltens werden als Unterschiede des Lebensstils und des Modus der Lebensführung untersucht.

2. Die sozialpsychische Kohärenz der Klassen wird durch die Eigenarten und Funktionsmechanismen des Klassenhabitus erklärt.

3. Die Unterschiede der materiellen Lebensbedingungen bemessen sich je nach der Distanz zum «Reich der ökonomischen Bedürfnisse».

4. Soziale Distanz ergibt sich aus der Verfügung über die vier Kapitalsorten – oder aus dem Ausschluss der Verfügungsmacht über sie.

Aus dieser eigentümlichen Kombination von klassischer Sozialtheorie und Ethnologie, von Hermeneutik und empirischer Soziologie ergibt sich, wie bereits gesagt, in Bourdieus Werk eine realitätsnahe Erfassung von «sozialer Wirklichkeit», insbesondere der gesellschaftlichen Hierarchie, ohne dass er der Versuchung einer Totalitätstheorie oder dem Sog einer allumfassenden Gesellschaftstheorie erlegen wäre.

Nach dem allgemeinen Überblick über die wichtigsten Stratifikationstheorien geht es um weitere generelle Überlegungen, um den weberianischen Interpretationsrahmen zu erläutern.

Dabei trifft man auf ein schwieriges konzeptuelles Problem: Wie kann dieses System der Sozialen Ungleichheit angemessen erfasst werden? Seine komplexe Struktur lässt es geraten erscheinen, in heuristischer Absicht, ohne die üblichen kühnen Globalhypothesen, im Anschluss an den vorn präsentierten historischen Rückblick auf Stratifikationstheorien einige analytische Vorüberlegungen über die Natur der Sozialen Ungleichheit und die Begriffe, die für eine historische und systematische Untersuchung gleichermaßen nützlich sind, anzustellen. Soziale Ungleichheit ist der allgemeine Ausdruck für das Fundamentalfaktum, dass die sozialen Positionen von Individuen und Verbänden stets hierarchisch gestaffelt sind. In diesem Sinne charakterisiert irgendeine Form von Sozialer Ungleichheit die Sozialstruktur aller Gesellschaften. Jede Sozial- und Gesellschaftsgeschichte, die ihren Anspruch ernst nimmt, wird dieser Achse der Sozialstruktur ihre Aufmerksamkeit intensiv zuwenden.

«In der Theorie», hat Max Weber einmal erklärt, «operiert man zweckmäßig mit extremen Beispielen.» Wenn daher im Folgenden von den anthropologischen Universalien der gesellschaftlichen Hierarchisierung, mithin von Geschlecht, Alter, ethnischer Zugehörigkeit und Sozialer Ungleichheit, vor allem die letzte Konstante diskutiert wird, legt es ein solcher Ratschlag nahe, diese Erwägungen zugespitzt zu formulieren. Abstrakt betrachtet kann Soziale Ungleichheit zunächst einmal als ein Verteilungssystem begriffen werden, das die Distribution knapper, begehrter Güter in historisch außerordentlich variabler Form auf Dauer regelt – ob es sich um Privilegien wie Macht, Reichtum, Ansehen oder um die Zuweisung anderer Gratifikationen handelt. Soziale Ungleichheit in diesem Sinne meint, auf eine Formel gebracht, die verschiedenartige Verteilung von Lebenschancen und Lebensrisiken, damit eine der Grunderfahrungen gesellschaftlichen Zusammenlebens überhaupt. Hier wird davon ausgegangen, dass das Wesen dieser Verteilungsordnung mit ihren Distributionsprinzipien, -prozessen und -resultaten durch die drei Hauptdimensionen jeder Gesellschaft, durch Wirtschaft, Herrschaft und Kultur, bestimmt wird. Ursachen und Strukturen, Konsequenzen und Deutungen der Sozialen Ungleichheit lassen sich daher unter diesen drei systematischen Gesichtspunkten erschließen.

Man hat im Anschluss an Weber argumentiert, Macht und Herrschaft als irreduzible Faktoren, daher als die in letzter Instanz entscheidenden Determinanten der Privilegienordnung hinzustellen, so dass Soziale Ungleichheit zur sekundären Konsequenz von Herrschaftsstrukturen wird. Die prinzipielle Dichotomie von Gesellschaften besteht danach zwischen Herrschenden und Beherrschten, da Besitz von Macht strukturelle Vorteile, Ausschluss von Macht in aller Regel strukturelle Nachteile mit sich bringt. Obwohl forschungspraktische Probleme, wie die Machtunterschiede konkret gemessen oder wenigstens plausibel geordnet werden können, unleugbar auftauchen, bleiben dennoch die Vorzüge, wenn an Macht und Herrschaft als dem in der Tat maßgeblichen der drei Grundelemente Sozialer Ungleichheit entschieden festgehalten wird, unübersehbar bestehen.

Ein wesentlicher Gewinn, heuristisch vielleicht sogar einer der Hauptvorzüge, besteht darin, dass bei der Un-

tersuchung des Verhältnisses von Großverbänden zueinander die Aufmerksamkeit von vornherein – wenn
man Webers Vorschlag folgt – auf zwei Phänomene gelenkt wird: Sowohl auf den Kampf um die «Aufrechter-
haltung oder Veränderung einer Herrschaftsstruktur
und ihrer Legitimationsbasis» als auch auf die eine Herr-
schaftsordnung jeweils charakterisierende Appropriation von Herrschaftsmitteln und -rechten, die ihre Recht-
fertigung durch typische Geltungsprinzipien erfahren.
Vor allem im Konfliktfall kann sich die Dominanz poli-
tischer Herrschaft erweisen: Vermögen und Prestige,
Privilegien insgesamt, hängen vom zumindest still-
schweigenden Konsens der öffentlichen Herrschaftsträ-
ger, aber auch von der Unterstützung durch herrschaft-
lich-rechtliche Legitimationsprinzipien ab. Die Herr-
schaftsperspektive bleibt auch, ja gerade dann besonders
wichtig, wenn sich die Analyse zuerst auf ökonomische
Aspekte von Klassenlagen konzentriert, da diese immer
auch auf Herrschaftsverhältnissen, z. B. in Gestalt von
«Property Rights», beruhen.

Webers allgemeines Klassenkonzept versteht als
«Klassen» diejenigen «Gruppen von Menschen, deren
ökonomische Lage vom Standpunkt bestimmter Interessen gleichartig ist». Als «Klassenlage» werden die
«primär durch typische ökonomisch relevante Lagen
bedingten Versorgungs- und Erwerbschancen» sowie
die «daraus folgenden allgemeinen, typischen Lebensbedingungen» begriffen. Das zentrale, konstituierende
Element dieser Klassenlage ist der «Besitz oder Nicht-
besitz von Sachgütern». Denn «es ist die allerelementarste ökonomische Tatsache, dass die Art, wie die Verfügung über sachlichen Besitz verteilt ist, schon für sich
allein spezifische Lebenschancen schafft». In diesem

Sinn kann Weber «positiv» oder «negativ privilegierte Besitzklassen» unterscheiden.

Einen Sonderfall bilden diejenigen Klassen, die «primär marktbedingt» sind, seien es die «Besitzklassen» oder die quantitativ völlig überwiegenden «Erwerbsklassen». In diesen «marktbedingten Klassen» sah Weber das historisch folgenreichste Ergebnis der Funktionsmechanismen kapitalistischer Arbeits- und Gütermärkte. Das Charakteristikum der neuzeitlichen «klassengegliederten» Marktgesellschaft besteht darin, dass sich moderne Klassen aufgrund typischer Gemeinsamkeiten der Besitz- und Leistungsverwertung auf Märkten bildeten, insofern ist die «Klassenlage letztlich Marktlage». Je nach verfügbarem Besitz und je nach Leistungsqualifikation zerfallen die Besitz- oder die Erwerbsklassen in eine Vielzahl von unterschiedlich erfolgreichen Besitzklassen bzw. unterschiedlich entlohnten Erwerbsklassen.

Weber war sich bewusst, dass er auf der einen Seite mit dem Pluralismus verschiedener Besitz- und Erwerbsklassen notwendige Differenzierungsmöglichkeiten für eine realitätsangemessene Sozialforschung gewann, auf der andern Seite aber auch einer Kategorie für relativ einheitliche gesellschaftliche Verbände bedurfte. Sie fand er im Sammelbegriff der «sozialen Klasse». In ihm wird die «Gesamtheit» von benachbarten Klassenlagen zusammengebündelt, zwischen denen «ein Wechsel persönlich» und «in der Generationenfolge», also intra- und intergenerationelle Mobilität, «leicht möglich ist und typisch stattzufinden pflegt». «Soziale Klassen» in diesem Sinn bildeten beispielsweise im Deutschen Reich die «Arbeiterschaft als Ganzes», das «Kleinbürgertum», die «Intelligenz und Fachgeschultheit» (einschließlich der Beamten und Angestellten) sowie die «Klassen der Besitzenden und durch Bildung Privilegierten».

Im Hinblick auf Konflikte zwischen Klassen, erst recht auf ihren Ausgang, sind allgemeine Aussagen oder Prognosen nicht möglich. Es handelt sich stets um historisch kontingente Verhältnisse mit wechselnden Bedingungskonstellationen. Zu ihnen gehört etwa «die Durchsichtigkeit des Zusammenhangs zwischen den Gründen und den Folgen» der Klassenlage, ihre «Bedingtheit und Wirkung» müssen «deutlich erkennbar sein». Erst wenn der «Kontrast der Lebenschancen» durch den Vergleich mit anderen Klassen als Ergebnis der «gegebenen Besitzverteilung oder Struktur der konkreten Wirtschaftsordnung» bewusst abgelehnt wird, kann der Konflikt zwischen Klassen politisch organisiert werden. Fraglos stecken in den Weberschen Schlüsselbegriffen der Verfügungsgewalt und des Besitzrechtes Herrschaftskategorien, wie überhaupt jede Besitzordnung Herrschaftsverhältnisse widerspiegelt und in ihrem Kern durch ungleiche Machtpotentiale geprägt wird. In diesem Sinn wird hier das Ordnungsgefüge der Sozialen Ungleichheit in der Bundesrepublik analysiert und beschrieben.

2.

Die internationale Debatte
über die neue Einkommensungleichheit

Simon Kuznets, ein Nobelpreisträger in der Wirtschaftswissenschaft, hat in umfassenden Untersuchungen, die
auch in der berühmten Kuznets-Kurve graphisch einge-
fangen wurden, den Nachweis geliefert, dass in den ersten Jahrzehnten nach dem Zweiten Weltkrieg die Soziale
Ungleichheit in Gestalt der Einkommens- und Vermögensverteilung in den hochentwickelten westlichen Ländern deutlich abgenommen hat, nachdem sie vorher eine
lange Zeit ziemlich krasse Formen angenommen hatte.
Verantwortlich machte er dafür nicht nur die beispiello-
se Wohlstandsexplosion, die in Deutschland als «Wirtschaftswunder» charakterisiert wurde, sondern auch
die erfolgreiche sozialstaatliche Interventionspolitik. Im
Grunde ging Kuznets von der optimistischen Grundan-
nahme aus, dass sich dieser Abmilderungstrend weiter
fortsetzen könne.

Diese Prognose hat sich aber alsbald als Irrtum erwiesen. Denn unterschiedliche Faktoren, insbesondere
die neoliberale Wirtschaftspolitik von Präsident Reagan
und Premierministerin Thatcher samt ihren Beraterstä-
ben haben eine neuartige Verschärfung der Einkom-
mens- und Vermögensungleichheit in den Nationalstaa-
ten und zwischen ihnen herbeigeführt. Nach einem

sachten Anfang hat sich eine massive Polarisierung seit den 8oer Jahren durchgesetzt, die paradigmatisch von den USA und Großbritannien angeführt wurde. Seither ist dieser Veränderungsprozess von einer lebhaften Debatte der Ökonomen über das Ausmaß und die Ursachen der wachsenden Ungleichheit begleitet worden. Die erdrückende Mehrheit der Wirtschaftswissenschaftler, die an dieser Diskussion teilnehmen, gehört der hegemonialen neoklassischen Schule an. Nur wenige Soziologen, Politikwissenschaftler und Historiker haben sich bisher in sie eingeschaltet, obwohl es sich um einen der dramatischsten Vorgänge der modernen Zeitgeschichte handelt.

Diese Diskussion geht von einem Konsens über die Realität der Ungleichheitsveränderungen aus, ehe sie dann vor allem drei Gesichtspunkte betont[8].

1. Auf dem Arbeitsmarkt habe sich das Verhältnis von Angebot und Nachfrage im Hinblick auf hochqualifiziertes Humankapital mit zuverlässigen Computerkenntnissen drastisch verändert. Der Karriere dieser privilegierten Fachleute stehe der Abstieg von ungelernten und provisorisch angelernten Arbeitskräften gegenüber. Allgemeiner formuliert: Auf dem Markt setzte sich ein technologischer Wandel durch, dessen Grundlage die Aufwertung von Wissen als dem entscheidenden Produktionsfaktor bildete.

2. Dieser Wandlungsprozess gehe einher mit der scharf anwachsenden Konkurrenz von Billiglohnländern, die das heimische Lohnniveau unterbieten, mithin die Lohnkosten indirekt absenken konnten. Deshalb gehe die Einkommensungleichheit auch auf den Abfall der Reallöhne zurück. Dieser Druck lenkt auf die Globalisierung zurück, die seit den 8oer, erst recht

seit den 90er Jahren innerhalb der Klassen und zwischen ihnen einen rapiden Ungleichheitsanstieg ausgelöst habe. Dabei werde das Vermögen noch weitaus ungleicher als das Einkommen verteilt.

3. Der Niedergang gewerkschaftlicher Organisationsmacht, damit das Ausbleiben konkreter Erfolge in den Tarifkonflikten auf dem Arbeitsmarkt schwäche die abhängigen Arbeitskräfte beim Kampf gegen den Ungleichheitsanstieg, während eine steigende Einwanderung von ungelernten Arbeitskräften zusätzlichen Druck auf die Löhne ausübe. Gleichzeitig begünstige die Steuerpolitik die Oberklassen. So sinken etwa in Amerika seit fünf Jahrzehnten die Steuern für die reichste Spitzengruppe[9]. Auf diese Weise beförderten genuine Marktkräfte im Urteil derjenigen Ökonomen, welche diese Diskussionen dominieren, die Zusammenballung von Vermögen und Einkommen an der Spitze der Sozialhierarchie.

Mit einer spürbaren Verwunderung nehmen zumindest einige von ihnen wahr, dass die Ungleichheit in Europa viel langsamer und viel weniger gravierend als etwa in den USA vordringt. Die Gründe dafür sind eine bessere Versorgung mit sorgfältig geschultem Humankapital, eine effektivere Steuerung des Arbeitsmarktes und eine durchgreifendere Handhabung des sozialstaatlichen Instrumentariums, obwohl es auch in Europa geringere Wachstumsraten als zuvor gibt, eine wachsende Arbeitslosigkeit und gravierende Probleme der öffentlichen Finanzwirtschaft, von den exorbitanten Kosten der deutschen Osterweiterung, die jährlich in der Höhe von mehr als hundert Milliarden Euro anfallen, ganz zu schweigen.

Auffällig ist an der amerikanisch-englischen Diskussion der Wirtschaftswissenschaftler, dass sie so gut wie ausnahmslos die Probleme von Macht und Herrschaft ignorieren. Sie liegen offenbar außerhalb ihres neoklassischen Denkhorizonts. Den Vorständen der 30 deutschen Dax-Gesellschaften gelang es, in den fünf Jahren von 1997 bis 2002 ihr Einkommen ohne die Boni und Aktienoptionen von 1.66 Millionen DM auf 1.7 Millionen Euro zu verdoppeln. Inzwischen verdienen sie aber, nachdem es 1990 noch 570000 DM waren, mit fünf bis sechs Millionen Euro das mehr als Hundertfache der Durchschnittslöhne ihrer betrieblichen Mitarbeiter. Während VW-Vorstandschef Winterkorn 2011 auf ein Gehalt von 17.456 Millionen Euro kam, wächst im untersten Dezil das Einkommen seit 1985 nicht mehr, und die Löhne aller Arbeitnehmer stagnieren seit acht Jahren. Jeder vierte Arbeitnehmer gehört inzwischen zu den acht Millionen im Niedriglohnsektor. Die Topmanager in Amerika wie in Deutschland schafften es im neuen Jahrhundert, ihr Einkommen im Nu sogar um 400 Prozent zu steigern, so dass sie das 300-fache ihrer Facharbeiter erhalten. Dabei geht es nicht um die Auswirkung genuiner Marktkräfte, die sich plötzlich zu ihren Gunsten ausgewirkt hätten[10]. Vielmehr geht es um die Durchsetzung von Machtentscheidungen, die sie in ihrer Herrschaftsarena offenbar fällen können. Ihnen liegen normative Vorentscheidungen zugrunde, die (in der Sprache Max Webers) das Schließungspotential nutzen, das ihnen als Machtelite zugewachsen ist. Diese Machtentscheidungen, die in den kleinen Zirkeln der Vorstände und Aufsichtsräte mit der gebotenen Vertraulichkeit gefällt werden, ähneln in der Tat, wie der prominente amerikanische Ungleichheitsforscher David Grusky gespottet hat, der fiktiven Konstellation, dass Studenten erst über das Gehalt des Professors entscheiden, bevor dieser zur Notenverteilung schreitet. Dieser Schließungsfähigkeit der Oberklasse, die ihr Einkommen und Vermögen in einem obszönen Ausmaß zu steigern versteht, entspricht die Exklusion der regulären Arbeitskräfte von solchen atemberaubenden Beförderungsprozessen. Die Verteilungsgerechtigkeit ist völlig verloren gegangen, wie das auch Bundestagspräsident Lammert nüchtern festgestellt hat. In der neueren Geschichte findet sich keine Berufsklasse, die mit derart ungebremster Habgier ihrem Drang nach Einkommens- und Vermögenssteigerung nachgegeben hat.

Wenn daher im Folgenden von Sozialer Ungleichheit die Rede ist, geht es nicht nur um privilegiertes Humankapital mit hohem Einkommen oder um ungelernte Arbeiter mit stagnierenden Löhnen, sondern vor allem um die politisch und rechtlich fundierte Machtausübung kleiner Eliten, die sich in einem Maße, das vor wenigen Jahren noch undenkbar gewesen wäre, ein Einkommen und Vermögen verschaffen, die sie von der Lebenswelt ihrer Mitarbeiter denkbar weit abheben. Diese Entscheidungen haben im Grunde nichts mit den Computerfertigkeiten von Fachleuten, mit der Lohnunterbietung durch Entwicklungsländer oder mit dem Einfluss von Marktentscheidungen zu tun. Sie sind ganz und gar der Ausfluss von Kompetenzausübung in ihrem Herrschaftssystem. Sie müssen daher als Phänomene des Machtbesitzes endlich anerkannt und diskutiert werden.

Da die sozialstaatliche Massendemokratie auch ganz wesentlich auf (oft unausgesprochenen) Gerechtigkeitsnormen als Legitimationsgrundlage beruht, taucht die Frage auf, wie lange die kritische öffentliche Meinung eine derart krasse Verletzung der Gerechtigkeitsvorstellungen hinzunehmen bereit ist. Ihren Einwänden begegnet man gewöhnlich mit der Ablehnung einer sog. Neiddiskussion. Mit dieser banalen Häme lässt sich die Diskussion aber nicht abwürgen. Man darf vielmehr gespannt sein, wie sich in einem der fünf reichsten Länder der Erde, in dem ein konfliktentschärfender Wohlstand vorherrscht, der politische Druck aufbauen lässt, der auf eine Korrektur dieser Exzesse einer hierarchisierten Marktwirtschaft hinwirken kann.

3.

Die deutsche Einkommensungleichheit

In der Bundesrepublik gibt es eine unübersehbare Sozialhierarchie: Sie wird zum einen durch die «marktbedingten Klassen» (Max Weber), zum anderen durch die
mächtige Erbschaft sozialkultureller Traditionen aus
vergangenen Epochen gebildet. Auf der Grundlage der
etablierten Marktwirtschaft hat sich auch die Bundesrepublik zu einer Marktgesellschaft entwickelt, in der die
Marktprinzipien das gesamte soziale Leben durchdrin-
gen. Die Schlüsselrolle des Arbeitsmarktes ist dafür der
schlagende Beweis. Die Motorik und die Struktur dieser
Marktgesellschaft beruhen darauf, dass je nach der
marktfähigen Leistungskapazität des Individuums samt
der davon abhängigen Marktlage, welche die Position in
der Sozialhierarchie in aller Regel bestimmt, wertvolle
Güter und Ressourcen kontinuierlich in einem vertika-
len Ungleichheitsgefüge verteilt werden. Aufgrund dieser Distributionsmechanismen hält die systematische
gesellschaftliche Reproduktion ungleicher Lebenschancen und -risiken an. Daraus entstehen die marktbedingten Klassen als distinkte Sozialverbände.

Die Durchsetzungskraft der Marktlage ist in den
letzten Konjunkturjahren der alten Bundesrepublik oft
unterschätzt worden. Stattdessen wurde die Dominanz
eines pluralistischen, individualisierten Lebensstils in

65

neuartigen Milieus behauptet. Inzwischen hat sich jedoch die realistische Einsicht wieder durchzusetzen begonnen, dass die Märkte mit ihren zahlreichen Konsequenzen das Leben sowohl der abhängig Erwerbstätigen (90 %) als auch der Selbstständigen (10 %) regieren. Das gilt nicht nur für die 50 Prozent Berufstätigen, sondern auch für jene 25 Prozent der Bevölkerung, die von privater, meist innerfamilialer Alimentierung abhängen, und für jene 25 Prozent, die von öffentlichen Transferleistungen leben[11].

Die Klassenkultur als Erbschaft der Vergangenheit ist keineswegs zerfallen, vielmehr außerordentlich präsent geblieben. Daher haben sich auch die Rangabstände zwischen den Mitgliedern der unterschiedlichen Erwerbs-, Berufs- und Besitzklassen seit 1949 mit einer geradezu verblüffenden Hartnäckigkeit ziemlich gleichbleibend erhalten. Diese eingeschliffenen Unterschiede werden auf einem freilich eindrucksvoll steigenden Niveau ständig reproduziert. Daher sind die Einkommens- und Vermögensdifferenzen zwischen den fünf Quintilien, in die man die Bevölkerung statistisch einteilen kann (1=43.5, 5=7.4, die Mittellagen: 2-4: 49.4 %) seit der Gründung der Bundesrepublik und dem Beginn der sorgfältigen Beobachtung ihrer Sozialstruktur durch das Statistische Bundesamt grosso modo verblüffend stabil geblieben. Noch drastischer treten diese Differenzen zutage, wenn man die Bevölkerung in Dezile, statistische Zehnergruppen, einteilt.

Auf der Grundlage marktförmiger Erwerbsarbeit bestimmt die Leistungsfähigkeit des Individuums seine Lebenschancen stärker als die meisten anderen Kriterien, denn das Einkommen, die Ressourcenausstattung, auch die Vermögensbildung hängen von ihr ab. Nur die

Prägekraft der Familie, die den Habitus, die Sprachkompetenz, den Denkhorizont, die sozialen Netzwerke und Bildungswege bestimmt, ist von gleichrangiger, in mancher Hinsicht sogar von vorrangiger Bedeutung.[12] Aus der Vogelperspektive erweist sich vermutlich das Einkommen, das wiederum, wie gesagt, im Allgemeinen von der Berufsposition abhängt, als «wichtigste Ungleichheitsdimension der modernen Gesellschaft». Denn «es ist die allerelementarste ökonomische Tatsache», hat schon vor einem Jahrhundert Max Weber geurteilt, dass die Verfügung über Einkommen «spezifische Lebenschancen schafft».

Am Anfang der Bundesrepublik steht das «Wirtschaftswunder», das einen einmaligen Sockel für die seither beispiellos steigenden Einkommen geschaffen hat. Die westdeutsche Einkommensentwicklung wurde daher von Anfang an in ihrer Grundströmung von einem vorbildlosen Aufstieg getragen, der sich seither gleichzeitig mit einer auffällig gleichbleibenden, stabilen Ungleichverteilung verband. Nie zuvor hat es in Deutschland eine derart einzigartige Epoche wie die Hochkonjunkturphase von 1950 bis 1973 gegeben, und nie hat sie sich seither wiederholt.

Das westdeutsche Sozialprodukt verdreifachte sich in dieser Zeitspanne. Die durchschnittliche jährliche Wachstumsrate bewegte sich bei 6.5 Prozent, in den 50er Jahren sogar bei 9.5 Prozent. Das Wachstum lag damit mehr als das Dreifache des Wertes so hoch wie im Kaiserreich (1870–1913), als 1.8 Prozent erreicht wurden. Die monatlichen Haushaltseinkommen der Arbeiter und Angestellten vermehrten sich um das Vier- bis Fünffache, das der Selbstständigen um das Sechsfache.

Obwohl die bestechenden Wachstumsraten seit den

beiden Ölkrisen der 70er Jahre halbiert wurden, verzehnfachte sich das durchschnittliche monatliche Nettohaushaltseinkommen von 1950 bis 1975 von 357 auf 3705 DM. Das Volkseinkommen verachtfachte sich von 1960 bis 1991 auf 36000 DM pro Kopf schneller als in allen anderen westlichen Gesellschaften; die Sparquote verachtfachte sich.[13] Es vermehrte sich um das Dreizehnfache im Vergleich mit dem halben Jahrhundert zwischen 1900 und 1950. Allein in den 50er Jahren wuchs es in Westdeutschland doppelt so schnell wie in den anderthalb Jahrhunderten zwischen 1800 und 1950. Die Bruttowochenlöhne kletterten von 1950=166 DM bereits bis 1969 auf 1080 DM um das Siebenfache, die Bruttomonatslöhne von 1950 bis 1990 noch um das 3.9-fache in die Höhe. Die monatlichen Haushaltseinkommen bewegten sich von 1950=357 DM bis kurz vor der Vereinigung (1985) auf 3705, auf das Zehnfache des Ausgangswertes. Teilt man die monatlichen Nettoeinkünfte nach Einkommensklassen auf, erreichten 8.1 Prozent der Erwerbstätigen bis zu 1000 DM, 58.5 Prozent rd. 1000 bis 3000, aber nur 6.3 Prozent mehr als 5000 DM.

Während der kontinuierlichen Steigerung des Einkommens blieb jedoch die Grundstruktur der Distribution über die Jahrzehnte hinweg unerschütterlich erhalten. Hatte sich das oberste Quintil bis zum Ende der 50er Jahre bei 39.8 Prozent aller Einkommen eingependelt (das oberste Dezil bei 22.4 %), erreichte es 1995 ziemlich genau noch immer 39.2 Prozent, das unterste Quintil verharrte dagegen bei 7.1 bzw. 7.2 Prozent. Die drei mittleren Fünftel okkupierten die Hälfte. Das oberste Dezil erreichte 1995 gut ein Fünftel mit 21.7 Prozent, das unterste Dezil dagegen nur 3.9 Prozent.[14] Bei der personellen Vermögensverteilung band übrigens

1998 das oberste Dezil sogar 42.2 Prozent, das oberste Quintil nicht weniger als 62 Prozent – an sich ein geradezu klassischer Maßstab der Ungleichverteilung.

Die statistische Größe des wachsenden durchschnittlichen Haushaltseinkommens wurde trotz der dramatischen Einkommenssteigerung von 58 Prozent nicht ganz erreicht, doch 8.5 Prozent lagen um mehr als das Doppelte darüber. Die Anzahl dieser Haushalte mit mehr als dem zweifachen Durchschnittseinkommen verfünffachte sich zwischen 1972 und 1992. Diese privilegierten Einkommensbezieher unterschieden sich deutlich nach ihrem Bildungsabschluss. So gehörten etwa die 22 Prozent der Hochschulabsolventen zu den Wohlhabenden mit einem mindestens verdoppelten durchschnittlichen Nettoeinkommen, während nur drei Prozent dieser Wohlhabenden einen Hauptschulabschluss besaßen. 16 Prozent der ungelernten Arbeiter mussten mit der Hälfte des Durchschnittseinkommens auskommen.

Auch eine Einkommensanalyse, die 1995 40 Millionen Steuerpflichtige dank der Computerhilfe mit imponierender Vollständigkeit für den Ersten Armuts- und Reichtumsbericht der Bundesregierung erfasst hat, bestätigt die eklatante Ungleichverteilung. Danach bezogen zehn Prozent etwa 35 Prozent des Nettogesamteinkommens, das 28-fache der untersten zehn Prozent. An der Spitze verfügen 6.6 Prozent über weniger als ein Viertel dieses Einkommens. Zwei Millionen reiche Steuerpflichtige lagen jenseits der sog. Reichtumsgrenze, d. h. um mehr als das Doppelte über dem durchschnittlichen Nettoeinkommen. Die reichsten fünf Prozent besaßen sogar zusammengenommen ein Einkommen, das 95 Prozent aller Einkommensbezieher zusammengenommen nicht erreichen. Diese «Superreichen» unter den 27000 reichen Einkommensmillionären (ihre Zahl hat sich allein zwischen 1983 und 1997 verdreifacht) erzielten ein dreizehn Mal so hohes Einkommen wie die untersten zehn Prozent ihrer Privilegiengenossen. Bereits in der NS-Zeit hatte sich für die Spitzengruppe von 0.01 Prozent der Erwerbstätigen das Einkommen dank der satten Gewinne in der Rüstungsindustrie fast genau verdoppelt.[15] Auch seit dem «Wirtschaftswunder» wies das oberste Dezil im Nu höhere Einkommen auf als dieselbe Einkommensklasse in anderen Industrieländern. So ergab etwa ein 2005 angestellter exakter wirtschaftswissenschaftlicher Vergleich der Spitzeneinkommen unter anderem in Deutschland, dass bis etwa 1990 die deutschen «Superreichen» wegen der geringen Erbschaftssteuer sogar vor den amerikanischen «Super Rich» lagen, ehe deren vehementer Vorstoß seit der Reaganschen Wende in der Wirtschaftspolitik sie unanfechtbar an die Spitze trug.

Die vielfach abgehobenen Selbstständigen einschließlich der rasant schrumpfenden Zahl von Vollbauern erzielten ein doppelt so hohes Einkommen wie der statistische Durchschnitt der Beschäftigten. Intern aber gab es in dieser Einkommensklasse gewaltige Unterschiede. Denn die reichsten zehn Prozent der Selbstständigen erwirtschafteten nicht weniger als die Hälfte des Gesamteinkommens aller Selbstständigen. Sie besaßen das 63-fache des Einkommens der untersten zehn Prozent der Selbstständigen. Das Steuerrecht förderte überdies die Konzentration der selbstständigen Einkommen besonders nachhaltig, denn diese obersten zehn Prozent genossen aufgrund des Regelwerks der Steuern und Transferleistungen tatsächlich einen noch höheren Anteil des Gesamteinkommens als die Ermittlung ihres steuerpflichtigen Einkommens ergab.

Die Einkommenshierarchie ist einer der wichtigsten «Indikatoren der sozialen Differenzierung» von Ungleichheit.[16] Das schlechterdings Verblüffende an der westdeutschen Einkommensverteilung ist, wie schon betont, ihre strukturelle Stabilität. Wenn sich, um zwei markante Parameter noch einmal zu nennen, der Einkommensanteil des obersten Quintils seit den 50er Jahren bei 39.8 Prozent bewegte und 60 Jahre später noch immer bei diesem Wert lag, während der Einkommensanteil des untersten Quintils bei 7.1 Prozent ebenfalls völlig stagnierte, tritt dieses starre Ordnungsgefüge deutlich zutage.

Wie eine neue OECD-Studie von 2011 festgestellt hat, wächst in Deutschland die Ungleichheit vor allem wegen der Teilzeitarbeit und der Mini-Jobs an, denn seit 1984 ist es in diesem Bereich zu einem Anstieg von drei auf mehr als acht Millionen Beschäftigte gekommen. Aber die Einkommen der Vollbeschäftigten drifteten in den letzten fünfzehn Jahren ebenfalls auseinander, da die Lohnschere zwischen dem Einkommen des oberen zweiten Quintils und dem oberen Saum des fünften Quintils sich um ein Fünftel geweitet hat. Auf dieser Linie liegt auch das Ergebnis einer anderen OECD-Studie, wonach der Anteil der Löhne und Gehälter am deutschen Nationaleinkommen von 67 Prozent in den frühen 90er Jahren bis 2011 auf 62 Prozent abgesunken ist. Auch hier wird die Ursache der Erosion in der rückläufigen Tarifbindung (von 72 auf 62 % der Beschäftigten) und im Vordringen der Mini-Job-Verträge gesehen. Dieser düsteren Entwicklung steht freilich in einem merkwürdigen Kontrast eine auffällige Konfliktferne gegenüber.[17]

Da die westdeutsche Wachstumsmaschine unablässig, von keiner ernsthaften Depression bisher unterbrochen, neuen Reichtum produzierte, wuchs auch der zu verteilende Einkommenskuchen unablässig weiter an. Die neuen Zuwächse wurden daher auf dem außerordentlich hohen Niveau verteilt, das eines der reichsten Länder der Welt seit seinem «Wirtschaftswunder» allmählich erreicht hat. Erst in den letzten acht Jahren hat im Gegensatz zu allen anderen EU-Ländern eine Stagnation der deutschen Reallöhne eingesetzt, die den Verteilungmodus – bisher von erstaunlich geringen Konflikten begleitet – in Frage stellte. Der eigentliche Sprengstoff aber hat sich in der maßlosen Konzentration von Vermögen und Einkommen an der Spitze der Wirtschaftselite herausgebildet. (Dazu unten 5.)

4.

Die deutsche Vermögensungleichheit

Ungleich schärfer noch als die Einkommensverteilung weisen die Vermögensverhältnisse die Ungleichverteilung und damit die Klassengrenzen eines in Deutschland bisher einmaligen Reichtums auf. Um zwei Zahlen mit Signalwirkung zu nennen: 1970 kontrollierte das oberste Dezil schon 44 Prozent des gesamten Nettogeldvermögens, das sich in den 35 Jahren zuvor um das 15-fache gesteigert hatte. Um 2000 besaßen fünf Prozent rund die Hälfte des gesamten Vermögens; die ärmeren 50 Prozent dagegen besaßen zwei Prozent. 2010 gehörten aber dem reichsten Dezil, um zu der vertrauten statistischen Größe zurückzukehren, über 66 Prozent des Geldvermögens. Bis 2010 hatte in einem drastischen Konzentrationsprozess das oberste Dezil also zwei Drittel des gesamten Privatvermögens an sich gebunden. Beim obersten 1 Prozent befanden sich, Gipfel der Ungleichverteilung, 35.8 Prozent des Vermögens, mehr als bei 90 Prozent unterhalb dieser Spitzenposition. Allgemein versiebenfachte sich immerhin das Nettovermögen aller Haushalte in dem halben Jahrhundert zwischen 1950 und 2000.

Die deutschen Reichen waren in der unmittelbaren Gegenwart noch nie so reich. Die Kluft zwischen ihnen und der «normalen» Bevölkerung hat sich noch nie so tief geöffnet: Hundert Milliardäre standen 2012 an der Spitze von 345 000 Vermögensmillionären. Selbst während der internationalen Krise der Finanzmärkte 2008/09 ermittelte das Statistische Bundesamt den Zugang von 50 000 frisch gebackenen deutschen Einkommensmillionären.

Dieser Konzentrationsprozess war schon frühzeitig in Gang gekommen, als die Soziale Marktwirtschaft wegen ihrer allgemeinen Wohlstandsförderung noch durchweg optimistisch verklärt wurde. Der bekannte Ökonom Wilhelm Krelle ermittelte zu Beginn der 60er Jahre, dass 1.7 Prozent aller westdeutschen Haushalte über 74 Prozent des Produktivvermögens und 35 Prozent des Gesamtvermögens verfügten.[18] Ganze 0.08 Prozent kontrollierten 13.2 Prozent des Gesamtvermögens. Als Krelle auf Bitte des Kirchenamtes der Evangelischen Kirche und des Sekretariats der Deutschen Bischofskonferenz seine Untersuchung dreißig Jahre später noch einmal wiederholte, entdeckte er trotz der langen Zeitspanne keine auffällige Veränderung. 0.06 Prozent der reichsten Haushalte hielten 10.9 Prozent, 1.48 Prozent hielten 32.7 Prozent, 12 Prozent hielten 60 Prozent des Gesamtvermögens. Ganze 7700 Haushalte konnten 51 Prozent des Betriebsvermögens ihr Eigen nennen. Das oberste Quintil besaß 70 Prozent der Nettohaushaltsvermögen, die unteren 30 Prozent erreichten dagegen nur 1.5 Prozent.

Das Nettogeldvermögen stieg, nachdem es von 1950 bis 1960 bereits einen gewaltigen Sprung als Folge des «Wirtschaftswunders» getan hatte, von 1960 bis 1994 um das 15-fache, seit 1970 allerdings wegen der Abflachung der Wachstumskurve nurmehr auf das 5.6-fache von 1970 an. Das reichste Quintil besaß am Ende dieser

Periode fast zwei Drittel (63 %), die unteren 40 Prozent des vierten und fünften Quintils kamen dagegen nur auf 4.5 Prozent. Bei ihnen sammelten sich durchweg eher neue Schulden als Vermögenswerte an.

Immerhin verbesserte sich zwischen 1962 und 1993 die Verbreitung von Sparguthaben von 60.3 auf 90.3 Prozent, von Versicherungspolicen von 39.6 auf 67.7 Prozent, von Bausparverträgen von 11.9 auf 42 Prozent und von Wertpapieren von 8 auf 45.8 Prozent der Erwerbstätigen. Das Vermögenseinkommen stieg zwischen 1970 und 1995 für die Bauern um 815.2, die Selbstständigen um 638.2, die Beamten um 572.9, die Angestellten um 535.5, die Arbeiter um 507, und die Rentner um 508.5, für die Pensionäre sogar um 714 Prozent.

Auch die Verteilung des Nettovermögens auf die fünf Quintile ist in den ersten 60 Jahren der Bundesrepublik auffällig stabil geblieben. In dieser Hinsicht unterscheidet sich seine Distribution nicht von der starren Struktur der Einkommen. Die Kluft zwischen selbstständiger und abhängiger Arbeit blieb ebenfalls erhalten. 1950 besaßen die unselbstständigen Haushalte ein Vermögen von 4400, die Selbstständigen aber von 55000 DM. 1970 lauteten die Durchschnittsziffern 39300 und 415000 DM; sie klettern, während der Abstand zwischen ihnen anstieg, seither weiter in die Höhe.

Die zunehmende Vermögenskonstellation wird noch dadurch verstärkt, dass zum zweiten Mal eine Erbengeneration – erstmals wieder nach der Hochkonjunkturperiode vor 1914 – in den Genuss einer atemberaubenden Erbmasse kommt, zu deren Erwirtschaftung sie selber nichts beigetragen hat. In den späten 90er Jahren wurden die ersten Milliarden von der Aufbaugeneration des «Wirtschaftswunders» vererbt. Dann aber setzte erst recht eine massive Erbschaftszuteilung ein. Zwischen 2000 und 2010 wurden, sage und schreibe, zwei Billionen Euro vererbt. In 37.5 Millionen Haushalten hatte sich bis dahin ein Vermögen von 7.7 Billionen Euro angesammelt, und davon befanden sich zwei Billionen in der Verfügungsgewalt von Haushalten, die in diesem Jahrzehnt durch Tod erloschen sind. Diese sogenannten Erblasserhaushalte (8.1 Millionen) umfassten ein gutes Fünftel (21 %) aller Haushalte. Bis 2010 erhielten die Empfänger 71 Prozent der Erbmasse im Wert von 1.4 Billionen, 0.6 Billionen kamen später noch hinzu. Dieses Gesamterbe zwischen 2000 und 2010 mit seinen zwei Billionen umfasste 27 Prozent des Nettovermögens aller Privathaushalte. Für die Erben des folgenden Jahrzehnts von 2010 bis 2020 gilt die Begünstigung in noch höherem Maße, da die lange Prosperitätsphase den Aufbau vererbbarer Vermögen mit wiederum mindestens zwei Billionen erleichtert hat. Denn das «Deutsche Institut für Altersvorsorge» hat, über die Prognose des Statistischen Bundesamtes hinaus, unlängst geschätzt, dass seit 2010 in jedem Jahr sogar 260 Milliarden den Besitzer wechselten. So gesehen wird es sich in dieser Dekade sogar um 3.2 Billionen an Erbmasse handeln. Erst danach wird allmählich ein deutliches Schrumpfen der Erbmasse einsetzen.[19]

Ohne kontroverse Debatten werden mithin in den zwei Dekaden von 2000 bis 2020 vier Billionen Euro an Erbmasse in private Hände bewegt. Besäße die Bundesrepublik eine Erbschaftssteuer von 50 Prozent, wie es sie in anderen Ländern gibt, hätte sie in dieser Zeit zwei Billionen Euro gewonnen, die für den Ausbau des Bildungssystems und der Verkehrswege, die Renovierung der Infrastruktur in den west- und ostdeutschen Städten und andere dringende Aufgaben ohne jede weitere Belastung des Steuerzahlers hätten eingesetzt werden können. Anstatt jedoch die Erbschaftssteuer endlich anzuheben, ist sie unter dem Druck der Lobby unlängst noch weiter abgesenkt worden, so dass die Verbesserung des Gemeinwohls erneut krass missachtet worden ist. Warum ist das Problem nicht auf die politische Agenda gesetzt worden?

Bis 2020 dürfte ohne eine steuerpolitische Remedur die Distribution der Erbmasse die Vermögenskonzentration weiter machtvoll vorantreiben. Denn während die sog. Kleinerben (22 %) mit relativ geringen Beträgen abgefunden werden, erhalten die sog. Großerben (2 %) jedes Jahrzehnt mehr als eine halbe Billion Euro, die sowohl aus Geldvermögen als auch aus Betriebs- und Immobilienvermögen bestehen. Inzwischen hat sich die typische Vermögenszusammenballung folgerichtig fortgesetzt. 1993 besaß das erste Dezil 44 Prozent des Nettogeldvermögens aller Haushalte. 2008 wurden bei dem reichsten Zehntel, sage und schreibe, 61 Prozent aller Privatvermögen registriert.

Ein zweiter Konzentrationsprozess spielt sich auf den Rängen der Wirtschaftselite ab, die ihrem amerikanischen Vorbild rücksichtslos gefolgt ist. Denn seit der Präsidentschaft von Ronald Reagan sind die Einkünfte der Topmanager an der Spitze der Hierarchie in einem atemberaubenden Tempo höhergetrieben worden. Das reichste eine Prozent der Familien hat inzwischen, wie der Nobelpreisträger Paul Krugman und die Wirtschaftsberaterin Obamas, A. B. Krueger, als scharfe Kritiker herausgearbeitet haben, 16 Prozent des Gesamteinkommens vor Steuern okkupiert, nachdem es seinen Anteil in den letzten dreißig Jahren bereits schlankweg verdoppelt hatte.[20] In dieser Zeit sind die Steuern für das reichste Prozent kontinuierlich gesunken. Da die Spitzeneinkommen seit den 80er Jahren derart explodiert sind, besitzen nunmehr die 13000 reichsten Familien mindestens das Dreihundertfache der durchschnittlichen Familieneinkommen, etwa soviel wie die 20 Millionen untersten Haushalte zusammengenommen.

Durchweg handelt es sich nicht um Eigentumsunternehmer, sondern um die Haushalte von Topmanagern. In der Zeitspanne von 1990 bis 1998 gelang es den Topmanagern der größten Konzerne, ob Unternehmen, Banken oder Hedgefonds, ihr Einkommen um 480 Prozent zu steigern, bis sie durchschnittlich jährlich 10.6 Millionen Dollar erreicht hatten. Von 1997 bis 2003 folgte erneut eine Steigerung ihres Realeinkommens um 278 Prozent. In den dreißig Jahren bis 2007 hob das oberste Prozent der Spitzenmanager sein Jahreseinkommen so steil an, dass es das Gesamteinkommen der unteren 40 Prozent der Berufstätigen noch übertraf. Unbestrittene Spitzenreiter waren die Topmanager der Banken und Hedgefonds, die mit ihren Bonizahlungen jährlich auf Hunderte von Millionen kamen. Dabei schmälern die exorbitanten Boni, wie natürlich auch in Deutschland, nicht nur die Dividenden der Aktionäre, sondern auch die Eigenkapitalbasis der Betriebe.

Mit dem rasanten Wachstum der Spitzeneinkommen kontrastiert aufs Schärfste die Stagnation im Bereich der Mittelklassen, deren Haushalt um acht Prozent absank, während der Schrumpfungsprozess unter den Unterklassen noch drastischer anhielt. Über diesen irritierenden Vorgang der «Earnings Inequality» hält unter den amerikanischen Ökonomen eine lebhafte, auf Marktkräfte fixierte Debatte an, während die Exzesse des Turbokapitalismus an der Spitze nur selten Aufmerksamkeit finden, und von den Machtentscheidungen, die dort fallen, ist schon gar nicht die Rede, geschweige denn davon, dass sie einer überzeugenden Erklärung zugeführt werden.

Auch die deutschen Spitzenkräfte hatten eine geraume zeitlang neiderfüllt auf das hochkletternde Einkommensniveau ihrer amerikanischen Berufskollegen geblickt. Dann brachte der Kauf der Chrysler-Autowerke durch Daimler-Benz auch für sie den Durchbruch, denn die Höhe der Gehälter ihrer neuen amerikanischen Partner wollten auch sie sogleich aus Gründen der beanspruchten Gleichberechtigung erreichen. Seither schnellten die regulären Gehälter, ergänzt durch Bonizahlungen und Aktienoptionen, Jahr für Jahr empor. Von 1997 bis 2002 schafften es die Vorstände der dreißig deutschen Dax-Gesellschaften, ihr Jahresgehalt um 65 Prozent zu steigern. 2011 stand der VW-Vorstandsvorsitzende Winterkorn mit seinem fabulösen Jahresgehalt von 17.456 Millionen Euro an der Spitze. Die durchschnittliche Vergütung der Topmanager für 2011 lag bei fünf Millionen Euro. 1985 stand das Verhältnis der Vorstandsgehälter deutscher Aktiengesellschaften zur durchschnittlichen Vergütung ihrer Arbeitnehmer noch bei 20:1, doch 2011 erreichte es 200:1.

Im Bann der neoliberalen Politik wurde auch die Steuerbelastung für die Neureichen abgemildert. Generell gilt jetzt, dass die Besteuerung von Kapitaleinkünften geringer ausfällt als die Steuer auf Einkommen aus Arbeit. Wer nennt das endlich einen Skandal? Die Kapitalertragssteuer liegt inzwischen bei 25 Prozent, die Besteuerung des Arbeitseinkommens aber bei 45 Prozent. Am Anfang der 80er Jahre lagen Gewinn-, Vermögens-

und Lohnsteuer mit rd. 28 Prozent noch in etwa gleich auf. Seither wurden die Lohnsteuer, die Mehrwert- und Mineralölsteuer auf 38 Prozent angehoben, die Gewinnsteuer aber auf 15 Prozent gesenkt. Die Vermögenssteuer wurde nach einer Intervention des Bundesverfassungsgerichts, dem man mit einer Neufassung der gesetzlichen Grundlage hätte begegnen sollen, seit 1995 gar nicht mehr erhoben. Die Tabaksteuer ist inzwischen höher als die Steuer auf Kapitalgewinne. Vermögensbezogene Steuern erreichen gerade einmal 2.3 Prozent der Fiskaleinnahmen anstatt die durchschnittlichen fünf Prozent in den OECD-Ländern. Die Abgabenquote bei Arbeitseinkommen (Löhne und Gehälter) liegt zurzeit bei 33.7 Prozent, die Abgabenquote der Steuern auf Erbschaften dagegen bei grotesken 1.6 Prozent. Deutschland schont mithin den Besitz, belastet aber das Erarbeiten von Wohlstand. Im Übrigen ist die neue Erbschaftssteuer durch Freibeträge und Ausnahmeregeln sogleich durchlöchert worden. Daher schrumpfen die Erträge aus ihr, obwohl die vererbten Nachlässe immer größer werden. Der Bundesfinanzhof bezweifelt daher, dass die reformierte Erbschaftssteuer verfassungsgemäß ist. Das Bundesverfassungsgericht soll jetzt das Entscheidungsurteil fällen. Die Lohn-, Umsatz- und Verbrauchssteuern ergeben achtzig Prozent des gesamten Steueraufkommens, die Unternehmens- und Gewinnsteuer nunmehr zwölf Prozent.

Die Bundesrepublik ist daher eines der wenigen westlichen Länder, das sich den Luxus eines völligen Verzichts auf die Vermögenssteuer erlaubt. Das vorwaltende Steuersystem enthüllt in eklatantem Maße die Ungleichbelastung der Kapitalbesitzer und der «normalen» Arbeitnehmer. Von einer grundlegenden Steuerreform, die sich Gerechtigkeitsvorstellungen über die Verteilung des erwirtschafteten Sozialprodukts annäherte, ist angesichts der mächtigen Contra-Lobby, die auf die großen Parteien bisher erfolgreich einwirkte, nicht die Rede. Gleichzeitig wurde das Fluchtkapital, das in Steueroasen wie die Schweiz, Liechtenstein und Luxemburg abwandert, auf mehr als 180 Milliarden Euro geschätzt. Die Steuergewerkschaft berechnete das Volumen der jährlich nicht gezahlten Steuern auf 70 Milliarden Euro.

Hatte man bisher angenommen, dass die Großunternehmen nicht auch noch als Rentenkassen für die private Altersversorgung ihrer Spitzenmanager fungierten, hat der «SPIEGEL» unlängst den Blick auf diese geheime Rentenwelt geöffnet. So stehen z. B. bekannten Schlüsselfiguren erstaunliche Rentensummen als einmalige Blockzahlung oder in Jahresbeträgen nach ihrem Ausscheiden aus dem Dienst zur Verfügung:

Zetsche/Daimler	29,6 Millionen
Winterkorn/VW	19,7 Millionen
Ackermann/Deutsche Bank	18,8 Millionen
Löscher/Siemens	12,8 Millionen
Teyssen/EON	11,7 Millionen
Schulz/Thyssen-Krupp	11.4 Millionen
v. Bomhard/Münchner Rück	10.4 Millionen
Reitzle/Linde	10.1 Millionen
Großmann/RWE	10.0 Millionen
Diekmann/Allianz	9.5 Millionen

Der von der Post wegen Steuervergehen entlassene Vorsitzende Zumwinkel hat übrigens nach seinem Abgang auch noch zwanzig Millionen Euro als Betriebsrente erhalten. Außerdem gelten günstige Regeln für den Ruhestand, denn die Vorstandsvorsitzenden gehen manchmal schon mit 60 Jahren «in Rente». Es gibt auch keine Rentenkürzung, wenn sie früher in den Ruhestand treten. Auch die Ehefrauen können mit 60 Prozent des Einkommens als Ruhegehalt rechnen, Kinder bis zum Ende der Ausbildungszeit mit dem 25. Lebensjahr kommen auch noch jährlich auf 125 000 Euro. Erst neuerdings haben große Unternehmen wie Daimler, die Post und die Deutsche Bank in neuen Verträgen nicht mehr hohe Prozentsätze des letzten Gehalts als Pensionszahlung garantiert; bisher gültige Ansprüche blieben davon unberührt.

Alle solche Topmanager, die der Selbstbedienungsmentalität nachgaben, hätten mühelos mit ihren privaten Mitteln für den Ruhestand sorgen können. Ein schlichter Arbeitnehmer aus ihren Betrieben könnte nach vier Jahrzehnten, in denen er die Höchstbeiträge der gesetzlichen Rentenkasse gezahlt hätte und mit 65 Jahren in den Ruhestand getreten wäre, maximal mit einer Rentenhöhe von 350 000 Euro rechnen. Insgesamt stellen diese Rentengeschäfte, wie Peer Steinbrück unlängst geurteilt hat, ein «katastrophales Signal» dar. Und Edzard Reuter, der erfahrene Ex-Vorstandchef von Daimler-Benz, sieht allgemein durch die Einkommensexplosion der Topmanager eine «Grenze überschritten», deren «Missachtung nicht mehr nachzuvollziehen» sei. Die «Schutzvereinigung der Wertpapierbesitzer», alles andere als eine radikale Vereinigung, erklärte unlängst empört ein Gehalt von zehn Millionen zur absoluten Grenze. Doch ihr Präsident beeilte sich mit dem Einwand, dass vielmehr fünf Millionen eine durchaus akzeptable Grenze verkörperten, denn «dafür kriegt man alle guten Leute». Mit unverhohlener Bitterkeit hat Bundestagspräsident Norbert Lammert die «gigantischen Einkommensunterschiede, die nicht zu rechtfertigen sind», unlängst kritisiert. Dabei gehe es um die «Verselbständigung der Gehaltsfindung, die den Verdacht der Selbstbedienung nahelegt.» Lammert erklärte sich «fassungslos über die Skrupellosigkeit», mit der solche Ansprüche «auf Riesengehälter» durchgesetzt werden. Während sich die Reallöhne in den letzten Jahren kaum veränderten, habe die «einzige auffällige Veränderung ... in den Vorstandsetagen stattgefunden».[21]

Auffällig große Lücken traten auch bei der Vermögensermittlung und -veranschlagung auf. Die obersten fünf Prozent aller Vermögenssteuerzahler besaßen 46 Prozent des überhaupt steuerlich erfassten Vermögens, das oberste Quintil kam auf 63 Prozent des Gesamtvermögens. Aber zahlreiche Reiche mit hohen Vermögenswerten waren, wie das Statistische Bundesamt resignierte, in diesen summarischen Größen noch gar nicht enthalten. Schon 1993 hatte das Statistische Bundesamt nur 15 Prozent der Vermögen über 2.5 Millionen DM einigermaßen exakt erfassen können. Nach dem Fortfall der Vermögenssteuer entfiel auch eine exakte Vermögensstatistik. Das reichste Dezil der Spitzengruppe teilte sich daher vor der Steuer unbekannte Beträge in Milliardenhöhe, ehe es vielleicht einen Großteil um die Steuerzahlung herum in Steueroasen hineinlenkte. Es erreichte im Durchschnitt auf jeden Fall das 330-fache des arithmetischen Mittels der Nettoeinkommen aller deutschen Haushalte.

Die große offene Frage bleibt, warum sich bisher so wenig Widerstand gegen diese maßlose Einkommens- und Vermögenssteigerung geäußert hat. Immerhin stellen die Gewerkschaften die Hälfte der Sitze in den Aufsichtsräten, wo Gehaltsfragen und Bonizahlungen durchweg, wie gern betont wird, im Konsens entschieden werden. Heißt das, dass diese heiklen Entscheidungen einfach abgenickt werden – vielleicht in der Hoffnung auf eine im Vergleich immer nur bescheidene Bonuszahlung für die Belegschaft? Und auf den Aktionärsversammlungen kommt gewöhnlich eine 90-prozentige Zustimmung der Teilnehmer zustande, obwohl damit doch auch über ihre eigene Gewinnspanne entschieden wird. Kritiker der Geschäftsberichte genießen gewöhnlich den Ruf neiderfüllter Pedanten oder exotischer Außenseiter.

Angesichts der Defizite der Vermögenssteuerstatistik bleibt die gepriesene Verteilungsgerechtigkeit auf der Strecke. Es gibt offenbar eine politisch fleißig kultivierte Scheu, Reichtum korrekt zur Besteuerung vorzulegen. Sie wird durch die Einkommenspolitik und die Steuerpolitik mit ihrem Verzicht auf höhere Sätze bei Spitzeneinkommen, nicht zuletzt mit ihrer extremen Zurückhaltung gegenüber einer neuen Vermögenssteuer noch unterstützt.

5.

Die Ungleichheit in
der deutschen Wirtschaftselite

Parallel zum finanziellen Konzentrationsprozess ver-
läuft seit geraumer Zeit ein sozialer Konzentrationsprozess, der die elitäre Schließung hin zu einer verblüffenden Homogenisierung vorangetrieben hat, die das
Schlagwort von der offenen Leistungsgesellschaft dementiert. Bei dieser Wirtschaftselite, die in bevorzugtem
Maße in den Genuss der hochkletternden Einkommens-
und Vermögensniveaus kam, geht es um eine doppelte
Machtressource. Zum einen handelt es sich um den Besitz von Unternehmen gleich welcher Art, also um Ei-
gentumsmacht, zum anderen und viel häufiger um Posi-
tionsmacht aufgrund der Spitzenstellung in einer vorgegebenen Betriebshierarchie, wie sie der klassische Typus
des Topmanagers innehat, der das Unternehmen, ohne
Inhaber zu sein, im operativen Alltagsgeschäft leitet. Die
Zusammensetzung von Eigentümern, Vorstands- und
Aufsichtsratsmitgliedern, Topmanagern und Geschäfts-
führern gibt Auskunft über das Profil des elitären Personals in den Chefetagen.
    Schon in der Mitte der 60er Jahre stellten Ralf
Dahrendorf und Wolfgang Zapf mit unverhüllter Verwunderung fest, dass die Unternehmensspitzen nächst
den Kirchenführern die «am wenigsten flexible Eliten-

gruppe» stellten, da sie seit dem Kaiserreich über die Weimarer Republik und das «Dritte Reich» hinweg eine außerordentlich stabile Rekrutierung aus dem Großbürgertum und dem gehobenen Bürgertum aufwiesen. Ein Viertel der Wirtschaftselite stammte, zwanzig Jahre nach dem Zweiten Weltkrieg, aus den oberen Mittelklassen, ein Viertel der Vorstandsmitglieder sogar aus der schmalen Oberschicht. Diese Zusammensetzung wurde auch dadurch begünstigt, dass sich damals noch ein Drittel der deutschen Großunternehmen im Familienbesitz befand, der die Exklusivität bis hin zur Wahl der Heiratspartner für den Nachwuchs gezielt unterstützte.

Die politische Forderung nach einer Auflockerung dieser Spitzenclique zielte auf ihre Umwandlung in eine offene Leistungselite, die aus der Bildungsexpansion hervorgehen sollte. Denn da man von einer «Sozialschichtung der Bildungschancen» ausging, hing die Besetzung der Spitzenpositionen von der Ungleichheit dieser Chancen ab, die es deshalb für die Leistungsfähigen zu vermehren galt. In der Folgezeit hat die Eliteforschung von Rudolf Wildenmann bis Wilhelm Bürklin den Elitenanteil des gehobenen Bürgertums kräftig abgesenkt, die Exklusivität bestritten und eine offene Elite mit Aufstiegsmöglichkeiten für die Leistungskräfte beschrieben, da die Bildungspolitik die soziale Elitebasis stetig erweiterte und den Zustrom der Tüchtigen auf die Entscheidungspositionen kanalisierte. Auch bekannte Soziologen wie Niklas Luhmann und Ulrich Beck unterschätzten in ihrem oft eher impressionistischen Urteil über die bundesrepublikanische Gesellschaft die Bedeutung der sozialen Herkunft, damit aber die Zuweisungsmacht der Klassenstruktur.

Es ist das Verdienst des Darmstädter Soziologen Michael Hartmann, in seinen zahlreichen, empirisch sorgfältig untermauerten Studien über den «Mythos von den Leistungseliten» die Realität auch der bundesdeutschen Wirtschaftselite aufgedeckt zu haben. Dabei stellte sich als Ergebnis der Analyse der Entwicklung von etwa 1970 bis 1995 heraus, dass die in ihren positiven Auswirkungen grandios überschätzte Bildungsexpansion zwar den Zugang zu den höheren Bildungsinstitutionen unstreitig erleichtert, ihn aber keineswegs bis hin zu den Elitepositionen geebnet hat. Vielmehr hat sich in den letzten drei Jahrzehnten ein erstaunlich elitärer Absonderungsprozess vollzogen.[22]

1960 bestand die erdrückende Mehrheit der Wirtschaftselite noch aus älteren Jahrgängen, die bereits in der Weimarer Republik die Chefzimmer erreicht hatten. Nur wenige exotisch wirkende Außenseiter wie Berthold Beitz von den Krupp-Werken oder einige der «jungen Männer» aus Speers Managerstab durchbrachen die Senioritätsregel. Seit den 6oer Jahren setzte dann jedoch ein umfassender Wechsel ein. 1979 waren nurmehr zehn Prozent der Topmanager vor 1918 geboren worden, eine jüngere Generation schob sich nach vorn. Sie vertrat aber keineswegs die Gewinner der Bildungsexpansion, sondern stammte «ganz überwiegend», dazu in einem noch rasch wachsenden Maße, aus dem Großbürgertum und gehobenen Bürgertum, bis sie in der Mitte der 9oer Jahre einen Anteil von, sage und schreibe, 80 Prozent erreicht hatte.

Die Analyse der hundert, auch noch der dreihundert größten deutschen Unternehmen, ergab im Hinblick auf die Vorstands- und Aufsichtsratsvorsitzenden, ihrer Stellvertreter und die Vorstandsmitglieder dasselbe Ergebnis von 80 bis 82 Prozent. Jeder Zweite stammte aus dem Großbürgertum, während nach einem stetigen Schrumpfen ihres Anteils nur noch neun Prozent aus den Mittelklassen so weit gekommen waren. Die Homogenität der neuen Oligarchie ist mithin in den Spitzenunternehmen weiter angestiegen, da sich die exklusive Rekrutierung offensichtlich verschärft hat. Deshalb war die privilegierte Exklusivität zu Beginn der 90er Jahre deutlich krasser ausgeprägt als noch 1970 – ein Indiz einer harten Ungleichheitsstruktur, welche die soziale Spaltung verschärft hat.

Blickt man genauer hin, ergibt sich, dass von den Aufsichtsratsvorsitzenden sogar bis zu 90 Prozent aus dem von Hartmann definierten Großbürgertum und gehobenen Bürgertum stammen. Allerdings kam es zu einer aufschlussreichen Verschiebung der Relationen zwischen den einzelnen Herkunftsgruppen. Waren 1970 noch 40 Prozent der Posten von den Söhnen höherer Beamter, 23 Prozent von Unternehmersöhnen besetzt worden, hatte sich bis 1995 das Verhältnis völlig umgekehrt. 40 Prozent kamen jetzt aus Unternehmerfamilien, nur noch zehn Prozent aus dem Haus höherer Beamter. Es gab mithin einen unübersehbaren Vorstoß des protegierten Unternehmernachwuchses.

Bei den Vorstandsvorsitzenden zeigte sich dagegen eine (nicht leicht zu erklärende) Zunahme der Söhne höherer Beamter auf Kosten derjenigen von Freiberuflern und Mittelklasseneltern. Aber auch hier stellten die Unternehmerfamilien selber einen «weit überproportionalen» Anteil, so dass sie jede dritte Chefposition besetzen konnten. In den klassischen deutschen Großunternehmen mit einer langen Tradition und einer zentralen Stellung in der Gesamtwirtschaft war das Spitzenpersonal aus den beiden Bürgertumsformationen ganz «besonders zahlreich» vertreten.

Selbstverständlich hatten die Vorstandsvorsitzenden bis 1995 auch zu 93 Prozent ein akademisches Studium abgeschlossen und zu 52 Prozent mit dem Doktortitel gekrönt. Bei den Aufsichtsratsvorsitzenden waren es 91 Prozent bzw. 60 Prozent. Hatte das Jurastudium früher dominiert, drang bis 1995 auf seine Kosten die Wirtschaftswissenschaft vor, so dass sich der Anteil der Betriebs- und Volkswirte in den Spitzenpositionen fast verdoppelte. Diese Verschiebung der Studienfächer, in der sich auch die «Amerikanisierung» der Unternehmensführung niederschlug, änderte aber nichts an der internen Struktur der Wirtschaftselite. Ihre Netzwerke sorgten für Informationen und die Verbesserung der Marktchancen, für die Koordination betrieblicher Schachzüge, für die Konsolidierung und Integration der Unternehmen; sie sorgten für den Schutz gegenüber Außenseiterrivalen und für einen Vertrauensvorschuss, wenn es um den Kampf gegen Konkurrenten ging.

Wenn man die verblüffend gesteigerte soziale Homogenität der oligarchischen Wirtschaftselite, damit auch vor allem ihre exklusive Rekrutierung, überzeugend erklären will, führt es in die Irre, im altmarxistischen Stil die machterprobte Raffinesse einer herrschenden Klasse zu unterstellen, die seit jeher für die reibungslose Kooptation von aufstrebenden Klassengenossen gesorgt habe. Auch haben Universitätsexamina und Doktortitel, Auslandsstudium und hochkarätige Praktika offensichtlich nicht den Ausschlag gegeben, da ein großes Bewerberfeld diesen Kriterien entsprach.

Vielmehr hat der Besitz eines «klassenspezifischen Habitus» die entscheidende Rolle bei der Gewährleistung der Elitenkontinuität gespielt. Der französische Soziologe Pierre Bourdieu hat unter dem Habitus jene innere Steuerungsanlage verstanden, die durch den Sozialisationsprozess während der Kindheit und Jugend in den Individuen als gesellschaftliche Struktur installiert wird. Dank der Summe von fest verankerten Dispositionen erzeugt er spezifische Persönlichkeitsmerkmale, die wiederum den Verhaltens-, Geschmacks-, Sprach- und Dresscode, den Denkstil und das ästhetische Urteil prägen. Da die Auswirkungen des Habitus vom Anschein der Natürlichkeit einer Ausstattung mit persönlichen Eigenschaften umgeben werden, obwohl diese Leitinstanz keineswegs auf Veranlagung und genetisch gesteuertem Naturell beruht, sondern dank einer lang währenden Sozialisationsphase an die Klassenstruktur gebunden ist, gehört der Habitus durchaus zu den zunächst «verborgenen Grundlagen der Herrschaft».

Welcher Habitus empfiehlt seine Besitzer für die Wirtschaftsoligarchie? Das sind die Souveränität des Auftretens und der Umgangsformen, eine breite Allgemeinbildung, die Sicherheit des Geschmacks, eine unternehmerisch-zweckrationale Einstellung, Optimismus in der Lagebeurteilung und klare Lebensziele. Fördernd sind das kulturelle Kapital der Familie und ihr soziales Kapital, das Netzwerk der Beziehungen und Sicherheitspolster der familiären Ressourcen zu nennen. Wahrscheinlich zählt als entscheidender Vorzug die persönliche Souveränität. Aufsteiger dagegen besitzen zwar auch die Universitätsdiplome, den Doktortitel, ihre Auslandserfahrung beim Studium oder während der Praktika, doch fehlt ihnen die äußere und innere Sicherheit, die Selbstverständlichkeit des Auftretens und Geschmacks. «Lässigkeit, Charme, Umgänglichkeit, Ele-

ganz, Freiheit» – mit einem Wort: die angebliche Natürlichkeit tritt hinter der im Ehrgeiz begründeten Ange-
strengtheit und Überkorrektheit auf eine fatale Weise
zurück, denn sie determiniert die Entscheidung gegen
den Karrieresprung.

In den Entscheidungsgremien herrscht von vornherein Sympathie für jenen Nachwuchs, welcher der eigenen Persönlichkeit, wie man sie dort sieht, am klarsten
ähnelt, und diese Persönlichkeitsmerkmale werden ausschlaggebend am Habitus abgelesen. Da die klassenspezifischen Eigenschaften unzweideutig an die soziale
Herkunft gebunden sind, ergibt die Dominanz des Ha-
bituskriteriums die Rekrutierung aus den eigenen Rei-
hen, die, wie es scheint, Garantie der Elitenkontinuität
und die anhaltende, ja gesteigerte Homogenität der
Wirtschaftsoligarchie. Leistungen zu erbringen muss der
Besitzer des erwünschten Habitus zwar imstande sein,
aber von dem Ideal einer offenen Leistungselite hat sich
die Wirtschaftselite in ihrem sozialen Konzentrationsprozess immer weiter entfernt.

6.

Die Ungleichheit auf den deutschen Heiratsmärkten

Während der materielle und soziale Konzentrationsprozess die Klassenhierarchie befestigt, wird er durch einen weiteren Selektionsmechanismus noch unterstützt, der im öffentlichen Bewusstsein weithin nicht wahrgenommen wird. Tatsächlich läuft aber die Frage, ob das Konnubium hohe Ungleichheitsbarrieren wie die klassenspezifische, religiöse oder ethnische Herkunft zu überwinden vermag oder aber zu verstärken tendiert, auf eine Art von Lackmustest hinaus. Wie tief ist tatsächlich die Kluft zwischen den sozialen Klassen, den religiösen oder ethnischen Verbänden? Oder wie gering ist der Abstand zwischen den Angehörigen desselben sozialkulturellen Milieus? Wer heiratet wen? Wie geschlossen oder wie offen sind die Heiratskreise?

Die Antwort lenkt auf harte, keineswegs von jedermann vermutete Bedingungen der Reproduktion Sozialer Ungleichheit hin. Dass es diese Bedingungen mit einem hohen Maß an Stabilität gibt, wird zwar seit den Kitschromanen von Hedwig Courths-Mahler und Eugenie Marlitt, erst recht im Zeitalter der Soap Operas und der illustrierten Klatschpresse gern geleugnet, da dort die romantische Liebe alle Grenzen überwindet. Doch die Wirklichkeit der deutschen Heiratsmärkte sieht anders aus.[23]

Die Klassenlage und ihre Prestigehierarchie prägen, aufs Ganze gesehen, auch die Heiratsmärkte in einem erstaunlichen Umfang. Die Eheschließung wird, entgegen manchen Auflockerungstendenzen, noch immer weithin sozial geregelt. Denn in einem stabilen Ausmaß führen die Gefühle der Zuneigung und Liebe an erster Stelle unter Klassengleichen zu einer formellen Bindung. In dem engen Nexus, den die gemeinsame Klassenzugehörigkeit der meisten Ehepaare aufweist, spiegelt sich erneut das hohe Maß an Invarianz wider, das die Struktur der Sozialen Ungleichheit im Allgemeinen kennzeichnet.

In den oberen Klassen stammen z. B. 58 Prozent der Ehepartner aus demselben Klassenmilieu. Nur 14 Prozent der Männer aus den höheren Klassen heiraten Frauen aus den Arbeiterklassen, wohl aber zu 44 Prozent die Töchter leitender und höherer Angestellter. Je höher die soziale Position gelagert ist, desto erfolgreicher macht sich das ständische Motiv der Schließung mit dem Ziel geltend, wertvolle Ressourcen zu monopolisieren und die Gesamtlinie der Lebensführung über die Generationsschwelle hinweg beizubehalten.

In den unteren Klassen, in denen die zielstrebige Heiratsstrategie eher durch eine resignative Schließung ersetzt wird, heiraten durchweg bis zu 80 Prozent der Arbeiter wieder Töchter von Arbeiterfamilien. Dem entspricht genau der Anteil der Arbeitertöchter, die Arbeiter heiraten. Erst jenseits dieser 80 Prozent beginnt der Bereich der Aufstiegsheiraten in die untere Angestellten- und Beamtenschaft. Mit einem noch deutlich höheren Prozentsatz weisen aber Adlige und Landwirte die höchste Homogamierate auf. Insgesamt bleiben klassenspezifische Heiratsmärkte mit scharf markierten

Grenzen für die unterschiedlichen Sozialformationen weiter bestehen. Der während der letzten fünfzig Jahre im Schnitt auf 70 Prozent steuernde Trend zur Homogamie sorgt für die klare Fortsetzung der sozialen Segmentierung. Er unterstützt die durch den Sozialisationsprozess sorgfältig genährte Neigung, innerhalb der eigenen Klassen zu heiraten, um sich weiter im vertrauten Ambiente der Verhaltensweisen und der Wertnormen, im gewohnten Haushalt der Gefühle und im Umfeld derselben Denkformen aufzuhalten, nicht zuletzt auch deshalb, um den Status, die Exklusivität und die kulturellen Ressourcen zu verteidigen.

Die Häufigkeit dieser auf Homogamie gerichteten Eheentscheidungen enthält ein schwerwiegendes Argument gegen die modische Behauptung der Entstrukturierung und Individualisierung, welche die gegenwärtige deutsche Gesellschaft angeblich in wachsendem Maße prägt. Vielmehr gehört die kontinuierliche, vielfach bewährte Funktionsfähigkeit strikt segmentierter Heiratsmärkte zu jenen durchschlagenden Einwänden, welche diese Deutung dementieren.

Die Bildungsreform seit den 60er Jahren hat entgegen den oft euphorischen Erwartungen keineswegs zu einer Verflüssigung der Grenzen zwischen den etablierten Heiratsmärkten geführt. Vielmehr haben alle neueren Untersuchungen die erstaunliche Konstanz sozialer Homogenität des Kohortenverhaltens bis hin zur Höhe von 70 Prozent der Eheschließungen nachgewiesen. Gewachsen ist offenbar nur der Anteil «aufwärts» heiratender Frauen. Sonst aber erzeugt der Ausbildungsprozess im höheren Bildungssystem, das inzwischen erheblich mehr als ein Drittel eines jeden Jahrgangs aufnimmt, von Stufe zu Stufe immer homogenere Kleingruppen, in denen – meist nach der Abschlussprüfung – auch zur Heirat geschritten wird. Die Reform hat offenbar nur zu einer schwachen Verwischung der Grenzen zwischen den Heiratskreisen geführt. Gehalten hat sich vielmehr der kräftige, langlebige Trend zur Homogamie.

Erneut ist auch bestätigt worden, dass sich der direkte Einfluss der sozialen Herkunft umso nachhaltiger auswirkt, je höher die Position des Elternhauses gelagert ist. Das Bildungssystem wird als Heiratsmarkt immer wichtiger. Es wird grosso modo von denselben beständigen Selektionsregeln beherrscht, die bisher die Heiratskreise reguliert haben. Die Hierarchie der Sozialen Ungleichheit kanalisiert offensichtlich auch die emotionalen Verbindungen vor der Eheentscheidung in einem ungleich größeren Maß, als man gemeinhin annimmt. Freilich hält sich in der Umgangssprache der Kommentar, dass man «nicht unter seinem Stand» heiraten soll. Darin mag sich die Einsicht in die Klassengrenzen auf dem Heiratsmarkt ausdrücken. Sie sind jedenfalls ein weiterer Beweis dafür, dass soziale Klassen auch emotionale Klassen mit einem jeweils eigenen hochspezifischen Gefühlshaushalt sind.

7.

Die Soziale Ungleichheit
der Alten

Nach einem Blick auf die Regeln der Heiratsmärkte zu
Beginn des Erwachsenenlebens lohnt sich ein Voraus-
blick auf die Ungleichheitsverhältnisse im Alter. Die
deutsche Gesellschaft mit inzwischen mehr als 22 Millionen Rentnern jenseits der sozialrechtlichen Altersgren-
ze, die unter ihren 82 Millionen Einwohnern leben, erfahren das Altern nicht nur als biologisch-individuelles,
sondern zusehends auch als folgenreiches soziales
Schicksal. Denn zum einen hat seit dem Zweiten Weltkrieg die durchschnittliche Lebenserwartung in einem
beispiellosen Tempo zugenommen und löst gravierende
Konsequenzen für die sozialen Sicherheitssysteme aus.
Männer erreichen inzwischen ein Durchschnittsalter
von 82 Jahren, die vor einem halben Jahrhundert noch
als exotische Ausnahme gegolten hätten. Frauen kommen im Durchschnitt mit mehr als 84 Jahren auf den
längst üblichen Vorsprung von zwei Jahren. Zum anderen wirkt sich die krasse ungleiche Distribution wert-
voller sozialer Ressourcen insbesondere auch auf jene
Altersgruppen aus, die nach dem Ausscheiden aus dem
Berufsleben noch eine rd. 20-jährige, künftig sogar weiter anwachsende Lebenszeit vor sich haben. Damit stellt
sich eine Doppelfrage: Wie beeinflusst die klassenspezi-

fische Soziallage die Lebensführung im Alter? Und wie beeinflusst das Altern die Soziallage?

In dieser großen Rentnerschaft werden mehrere Generationen mit durchaus unterschiedlichen Lebenserfahrungen und Einkommensverhältnissen zusammengefasst. Als die dynamische Rente seit 1958 durchweg eine verblüffende Verdoppelung des Renteneinkommens brachte, traten die älteren Westdeutschen in ein «goldenes Rentenzeitalter» ein, da zum ersten Mal in einem westlichen Land die Altersarmut binnen kürzester Zeit komplett beseitigt wurde. Die erste Generation, die in den Genuss dieser erstaunlichen Rentenanhebung – dem beliebtesten Gesetz der alten Bundesrepublik – kam, hatte bis dahin eine immense Bürde getragen. Denn sie hatte durchweg zwei Weltkriege, die Hyperinflation, die Weltwirtschaftskrise, Flucht und Vertreibung sowie die drückende Nachkriegszeit nach 1945 erlebt. Danach wurde sie zuerst bis in die späten 50er Jahre mit kümmerlichen Renten abgefunden, die ohne hilfreiche Zuschüsse aus der Familie kaum das Überleben ermöglichten. Das änderte sich von Grund auf nach der Zäsur von 1958. Die Rentenempfänger der 60er und 70er Jahre hatten in der Regel zwar auch den Zweiten Weltkrieg, Flucht und Vertreibung durchgemacht, trafen aber jetzt auf ein glänzend funktionierendes, das Alter erleichterndes Rentensystem. Die Generationen, die dann seit den späten 80er Jahren «in Rente» gingen, hatten in ihrem Berufsleben das «Wirtschaftswunder» und die sich anschließende Wachstumsperiode erlebt, traten also als unbeschwerte Angehörige einer langlebigen Wohlstandsperiode in ihr Rentenalter ein. Für viele von ihnen schlossen sich noch lange Jahre in bescheidenem Wohlstand und auf Reisen an. Erst die drastische Rentenkürzung, die im Verlauf der nächsten Jahrzehnte bevorsteht, wird zu einem sehnsüchtigen Rückblick auf die Vergangenheit der «goldenen» Jahre führen, in denen man ohne zusätzliche private Vorsorge auskömmlich leben konnte.

Alte Menschen aus der Ober- und Mittelklasse behalten im Allgemeinen ihren Sozialstatus. Die Akademiker aus den freiberuflichen Professionen, den gehobenen Lehrberufen an Universitäten und anderen Hochschulen, der höheren Beamten und leitenden Angestelltenschaft verlieren ihr akkumuliertes Berufs- und Leistungsprestige genauso wenig wie Unternehmer und höhere Manager. Materiell sind sie abgesichert durch Pensionen, Ruhegehaltsbezüge, Betriebsrenten, Lebensversicherungen, Vermögenseinkünfte. Gewöhnlich besitzen sie ein eigenes Haus oder eine komfortable Eigentumswohnung in einem privilegierten Wohnquartier. Mindestens ein Auto und eine Haushaltshilfe stehen ihnen weiterhin zur Verfügung. Die hohe Kaufkraft ihres Alterseinkommens bestimmt den Dispositionsspielraum für ihre lebhafte Aktivität auf Urlaubsreisen, während der Verfolgung ihrer Hobbys, ihrer Fortbildungspläne (Studium über 60), ihrer Teilnahme an VHS-Veranstaltungen und Akademien. Unstreitig wird der Zuschnitt ihrer Lebensführung durch ihre Nettoeinkünfte begrenzt, doch die materielle Sicherheit und das Bildungsniveau ermöglichen ihnen eine aktive Freizeitnutzung, während der die Ferien-, Bildungs- und Kulturangebote wahrgenommen werden können. In der Regel sind diese oberen Altersgruppen auch durch eine höhere Lernbereitschaft gekennzeichnet, da sie ihr Leben lang zu ständigem Hinzulernen angehalten worden sind.

Nicht zuletzt hebt sich ihr Gesundheitszustand von demjenigen der Empfänger niedriger Renten auffällig vorteilhaft ab, da sie längst an frühe Prophylaxe gewöhnt sind, bessere medizinische Kenntnisse besitzen und schneller die Entscheidung treffen, das Gesundheitssystem im Verdachts- oder Krankheitsfall in Anspruch zu nehmen. Auch politisch sind sie vergleichsweise aktiver, wie sich das an ihrem Engagement in Bürgerinitiativen, Parteien und Verbänden ablesen lässt. Trotz all der Vorzüge, die sie daher auch noch in der Altersphase genießen, stellt sich freilich allmählich ein Einflussverlust ein, da sie sich immer weiter von den Netzwerken der Entscheidungsträger entfernen.

90 Prozent der Bevölkerung sind durch die gesetzliche Rentenversicherung für ihr Lebensalter abgesichert. Die Höhe der Rente hängt von dem berufsspezifischen Einkommen in der Phase der aktiven Erwerbstätigkeit ab. Hinzu kommt immer häufiger, vor allem für die Arbeitnehmer in den Großunternehmen, eine Betriebsrente, die bereits 1990 immerhin 20 Prozent der ausscheidenden Arbeitskräfte zustatten kam. Deutlich besser gestellt als Arbeiter und Angestellte sind Beamte, die nach 40 Versicherungsjahren 75 Prozent ihres Bruttoeinkommens als Altersversorgung erhalten. Davon müssen sie allerdings Steuern und Krankenkassenbeiträge bezahlen, kommen aber in den Genuss der ominösen Beihilfe für die Gesundheitskosten. Ihr Pensionseinkommen liegt daher im Durchschnitt um ein volles Viertel höher als das der Rentner.

Besonders benachteiligt sind verwitwete alte Frauen, deren Rente nur maximal 60 Prozent der Rentenhöhe des Ehemanns erreicht. Da Frauen durchschnittlich eine längere Lebenserwartung genießen, sind von dieser eklatanten Diskriminierung, die sich eins der reichsten Länder der Welt unentwegt leistet, zahlreiche ältere

Frauen betroffen. 1990 waren z. B. wegen der längeren Lebenserwartung 58 Prozent der Rentnerinnen, aber nur 19 Prozent der männlichen Rentenempfänger verwitwet. Überhaupt sind alte Frauen auf eine den anspruchsvollen Sozialstaat bloßstellende Weise «negativ privilegiert», denn ihre lebenslange Familienarbeit und ihre kräftezehrende Betreuung von noch so vielen Kindern begründen keine nennenswerten Versorgungsansprüche.

Da in den Unterklassen mehr Kinder als auf den oberen Rängen der Sozialhierarchie geboren werden, können Kinder und Verwandte, die wegen ihrer Immobilität in der Nähe wohnen, den Eltern im Rentenalter helfen. Immer häufiger kommt auch angespartes Barvermögen hinzu, während die früher gängige landwirtschaftliche Selbstversorgung weitgehend entfallen ist. Trotz solcher Ausgleichsleistungen wird die Lebensführung der Rentner aus den unteren Klassen und vom unteren Saum der Mittelklassen durch ihr relativ geringes Nettoeinkommen geprägt, wobei sich die verwitweten älteren Frauen einer besonders schwierigen Altersproblematik gegenübersehen. Im Allgemeinen haben die an- und ungelernten Arbeiter sowie untere Angestellte bereits in der Alterungsphase vor dem Ruhestand unter einer einschneidenden Leistungsminderung und einem Qualifikationsverlust zu leiden. Auf diese Abstiegszeit folgt ein gleitender Übergang in die eigentliche Ruhestandsperiode. In ihr genießen diese Rentner ein geringes Ansehen, spüren das Gefühl, an den Rand abgedrängt zu werden, auch den Verlust ihrer Beziehungsnetzwerke aus der Zeit der Berufstätigkeit, da Ärmere bekanntlich früher sterben. Wegen ihrer Bildungsferne pflegen sie keine aktive Freizeitgestaltung, keine belebende Kultur- und

Fortbildungsaktivität. Ihr Gesundheits- und Kranken-
verhalten weist einen lebensverkürzenden Rückstand im
Vergleich mit ihren Altersgenossen aus den Mittel- und
Oberklassen auf.

Alte Bundesdeutsche – sie werden nicht von glückli-
chen Gesichtern an der Reling von Kreuzfahrtschiffen
repräsentiert, obwohl die «goldene Zeit» seit der Einführung der dynamischen Rente erstaunlich Vielen solche Ausflüge erlaubt hat. Sie werden auch nicht repräsentiert von den stumpfen Mienen der Dauerbesucher
ihrer Stammkneipen. Vielmehr tut sich ein tief zerklüf-
tetes Panorama von Altersgruppen auf, die durch ver-
schiedene Dimensionen der Sozialen Ungleichheit
schroff voneinander getrennt werden – wie vorher im
Berufsleben, so jetzt im Ruhestand. Wenn die glück-
liche, soeben noch anhaltende Zeit einer Rente von
70 Prozent des Bruttoeinkommens endet und stattdessen ein Durchschnitt von 42 Prozent gezahlt werden
wird, muss diese Kluft alle Rentner, die nicht rechtzeitig
eine zusätzliche private Vorsorge getroffen haben, vor
tief irritierende Probleme einer Altersarmut stellen, die
man seit 1958 überwunden glaubte.

8.

Die Ungleichheit der
Bildungschancen

Die Bildungspolitik hat lange Zeit als das aussichtsreichste Experimentierfeld gegolten, auf dem die überkommene Sozialstruktur verflüssigt werden konnte, um eine egalitätsfreundliche Aufstiegsmobilität in Gang zu setzen. Auf diese Weise sollte, lautete seit den 1960er Jahren auch in der Bundesrepublik das Credo, der Fahrstuhleffekt der Wohlstandssteigerung durch die Mobilisierung der Begabtenreserven nachhaltig unterstützt werden, damit auf diesem Feld das Gleichheitsideal der modernen Demokratie durch einen großzügigen Mitteleinsatz verwirklicht wurde.

Zu der Expansion des Bildungssystems – im Vergleich mit den meisten westlichen Ländern ein nachholender Modernisierungsschub – ist es in der Tat seit der Mitte der 60er Jahre gekommen. Milliarden flossen in seinen überfälligen Ausbau. Die quantitativen Veränderungen erreichten allmählich das erhoffte Ausmaß. Doch stellte sich auch der erhoffte sozialstrukturelle Mobilisierungseffekt ein, trotz der Hindernisse in einigen sozialen Klassen und Milieus?[24]

Die Antwort kann von dem Befund ausgehen, dass im Zentrum des deutschen Arbeitsprozesses unverändert die «marktförmige Erwerbsarbeit» steht, für die formelle Bildung und Wissenserwerb immer wichtiger geworden ist. Daher wird auch der Zusammenhang zwischen Bildungsniveau und Berufsqualität, zwischen Berufsklasse und Einkommensklasse immer enger statt lockerer. Der Einfluss des Bildungsniveaus auf die Statusdistribution, überhaupt auf die Position in der Sozialhierarchie, wächst seit den Gründungsjahren der Bundesrepublik kontinuierlich an. Die meritokratischen Züge der Gesellschaft nehmen mithin weiter zu, während sich die Lage der Nichtakademiker auf dem Arbeitsmarkt seit den 1970er Jahren deutlich verschlechtert hat – dieser Vorsprung ist allerdings durch die Wohlstandssteigerung verschleiert worden. Die Inhaber vorteilhafter Positionen tendieren zur Schließung, um ihre Stellung durch Exklusion abzusichern. Der Zugang zu diesen Positionen wird immer strenger an Zertifikate des höheren Bildungssystems gebunden. Der beste Schutz gegen Arbeitslosigkeit ist seit langem das Absolvieren eines Hochschulstudiums. Daher wächst auch die soziale Polarisierung zwischen Akademikern und Nichtakademikern.

Die schroffe Einkommensungleichheit zwischen den Erwerbstätigen mit unterschiedlichen Bildungsniveaus hat sich in den letzten Jahrzehnten, aufs Ganze gesehen, kaum verändert. Ein Basisphänomen dieser Kluft ist darin zu sehen, dass die Bildungsungleichheit zwischen den sozialen Klassen ungeachtet aller Reformanstrengungen «erstaunlich stabil» geblieben ist. Die Analyse zeigt, dass Reformen keineswegs von einem Bedeutungsverlust der sozialen Herkunft begleitet worden sind. Die starren Elemente im Gefüge der Sozialen Ungleichheit haben auch auf diesem Feld ihre Durchsetzungskraft bewiesen.

Ein erster Blick über die quantitativen Veränderungen lenkt auf einen Grundtatbestand hin. Zwischen 1952 und 1988, ungefähr in der Lebensspanne der alten Bundesrepublik, veränderte sich die Verteilung der Kinder und Jugendlichen auf die Schultypen auf spektakuläre Weise. Die Quote der Schüler mit einem Volks- oder Hauptschulabschluss sank von 78.3 auf 33.9 Prozent, während die der Realschüler von 6.1 auf 26.8 Prozent, die der Gymnasiasten von 13.2 auf 29.7 Prozent anstieg. Allein zwischen 1960 und 1988 kletterte die Abiturientenzahl von 56 700 auf 211 000. Hatte 1949 der Anteil der Alterskohorte an Abiturienten höchstens zehn Prozent betragen, erreichte er bis 1980 nach seiner Verdreifachung immerhin schon 30 Prozent.

Wie die Statuszuweisung der Eltern an die Kindergeneration funktioniert, lässt sich am Wandel der sozialen Herkunft der Gymnasiasten ablesen. Zwischen 1972 und 1990 stieg der Anteil der auf diese höheren Schulen geschickten Beamtenkinder von 46.7 auf 61.1 Prozent in der jeweiligen Alterskohorte; derjenige der Angestelltenkinder von 36.1 auf 43.8 Prozent, die Quote der Arbeiterkinder aber nur von 6.3 für kurze Zeit auf 13.9 Prozent, sackte aber alsbald von dieser Höhe wieder ab, obwohl Arbeiter zu dieser Zeit noch mehr als ein Drittel der Erwerbstätigen stellten. Ein anderes Beispiel für die «Beharrungskraft der väterlichen Abschlüsse»: Aus den Geburtsjahrgängen zwischen 1958 und 1967 schickten 78 Prozent der Väter mit Abitur ihre Kinder wieder bis zum Abitur auf eine höhere Schule, dagegen taten das trotz des Rückenwindes der Reformära nur 16 Prozent der Väter, die zu den Hauptschulabsolventen gehörten.

Innerhalb von drei Jahrzehnten vermehrte sich ebenfalls die Studentenzahl von 1960 = 261 000 auf 1988 =

1.368 Millionen; der Frauenanteil schnellte von 27 auf 41 Prozent hoch. In dieser Zeitspanne veränderte sich auch das Sozialprofil der Studentenschaft, wenn man das Kriterium des Vaterberufs zugrunde legt. Steil stieg der Nachwuchs aus Angestelltenfamilien, parallel zur numerischen Vermehrung der Angestelltenschaft, von 30 auf 44 Prozent, derjenige der Beamtenfamilien eher unauffällig von 22 auf 24 Prozent, während die Quote aus Arbeiterfamilien, die anfangs sechs Prozent betragen hatte, bis 1971 zwar einmal auf 16.9 Prozent anstieg, bis 1990 aber wieder auf sieben Prozent absank.

Dieser Schrumpfungsprozess mit dem Ergebnis, dass von jungen Männern aus Arbeiterfamilien nur sechs bis sieben Prozent, von jungen Frauen derselben Herkunft sogar nur vier Prozent, ein Studium begannen, lag zum einen an der sprichwörtlichen Bildungsferne zahlreicher Arbeiterfamilien, insbesondere von an- oder ungelernten Arbeitern. Diese außerordentlich zählebige mentale Sperre gegenüber der fremden Welt der höheren Bildungsinstitutionen, aus der den Arbeitern ja auch lange Zeit nur Verachtung und Diskriminierung entgegengeschlagen war, gehört zu den offenbar nur extrem schwer korrigierbaren Ausgangsbedingungen vor der Entscheidung, entweder nach der Hauptschule schnell Geld zu verdienen oder aber mit dem Gymnasium und Studium eine ungewohnt lange Ausbildungszeit auf sich zu nehmen, obwohl danach in der Regel ein deutlich höheres Einkommen erzielt werden kann. Die begrenzte Sprachkompetenz, der eingeschränkte Denkhorizont und die neuartigen inhaltlichen Lernanforderungen machen es für Kinder aus diesen Familien zusätzlich schwer, den Aufstiegsweg einzuschlagen und zu bestehen.

Zum anderen lag eine Ursache der sinkenden Studentenzahl aus diesem sozialkulturellen Milieu darin, dass der Anteil der jungen Männer und Frauen aus anderen Klassen, welche die erweiterten Bildungschancen ungleich schneller und bereitwilliger nutzten, rasch nach oben stieg, so dass auch deshalb der relative Anteil der Studenten aus dem Arbeitermilieu sank. Die Situation an Fachhochschulen, einem Erfolgsbeweis der westdeutschen Bildungspolitik, war übrigens in dieser Hinsicht für den Nachwuchs aus Arbeiterfamilien keineswegs besser als an den Universitäten und Technischen Hochschulen.

Unstreitig bestand zur Zeit der Wiedervereinigung der beiden deutschen Neustaaten die eindeutige Mehrheit der Studierenden, wie seit langem, aus den bürgerlichen Mittelklassen. Mehr als 30 Prozent kamen noch immer aus Akademikerfamilien, so dass sich in manchen Fakultäten eine hohe Selbstrekrutierungsrate ergab: etwa beim Medizinstudium 45 Prozent und beim Jurastudium 37.7 Prozent. Von allen jungen Männern aus Akademikerfamilien wählten durchweg 85 Prozent ein Studium, von allen jungen Frauen aus diesem Milieu 75 Prozent. Jugendliche aus dem Umfeld der Facharbeiter erreichten zu sechs bis sieben Prozent eine Hochschule; aus dem Umfeld der an- und ungelernten Arbeiter kamen dagegen maximal zwei Prozent. Besaßen Akademikerkinder 1950 aufgrund ihrer sozialen Herkunft von vornherein eine zwanzigmal höhere Chance auf ein Studium als Arbeiterkinder, hatten sie auch 1990 noch immer eine 15-mal bessere Chance.

In den Jahrzehnten vor der Jahrhundertwende hat sich ein unzweideutiger Vorsprung des Nachwuchses von Akademikern und Abiturienten gehalten oder noch weiter herausgeschält. Die Chancen der seit jeher benachteiligen Klassen haben sich dagegen, wenn man sich die marginale Öffnung zugunsten der Studenten aus diesen Milieus vergegenwärtigt, nicht grundlegend verbessert, weil sich die Sperrbezirke in der Mentalität der Herkunftsfamilien nicht verändert haben. Im Gegenteil: Die Soziale Ungleichheit wächst, wie die Komposition der Studentenschaft auch im neuen Jahrhundert verrät, eher weiter an.

Differenziert man die Studentenpopulationen nach bestimmten Herkunftsmerkmalen, treten Privilegierung und Benachteiligung noch einmal deutlich hervor.

1. Zur «sehr begünstigten» Gruppe gehören Jugendliche mit Vätern, die Selbstständige, beamtete Akademiker und Angestellte mit Abitur waren, denn sie stellten 1990 Studienquoten von 82.67 Prozent.

2. Eine «begünstigte» Gruppe besaß Väter, die mittlere Beamte und Angestellte waren, sie kamen auf eine Studiumsquote von 28 Prozent.

3. Als «ausgeglichen» wurde eine Gruppe bezeichnet, deren Mitglieder nichtakademische Selbstständige, Beamte und Angestellte ohne Abitur waren; hier lauteten die Studienquoten 6,15 und 13 Prozent.

4. «Benachteiligte» besaßen als Väter Bauern und Facharbeiter, sie stellten null bzw. sechs Prozent.

5. Die «sehr Benachteiligten» kamen durchweg aus den Familien von an- und ungelernten Arbeitern, sie verharrten bei einer Studiumsquote von zwei Prozent.

Die Bildungsreformen sind zwar vielen jungen Leuten zugute gekommen. Doch das «enorme Beharrungsvermögen» positiver oder negativer klassenspezifischer «Chancenunterschiede» hat die Chancenungleichheit de facto vergrößert. Die hohe Selektivität auch des reformierten deutschen Bildungssystems beruht nicht etwa, wie eine antiquierte dogmatische Kritik lautet, primär auf der traditionellen Dreigliederung. Denn die entscheidenden Größen sind von dem institutionellen Regelwerk ziemlich unabhängig: das sind Leistungsbereitschaft und Leistungsfähigkeit. Sie werden ganz und gar durch den Sozialisationsprozess und den Einfluss des Familienverbandes vermittelt. Denn dort werden die Weichen für die Habitusprägung, die Sprachkompetenz, das Begriffsdenken, die Leistungsorientierung gestellt. Auf diesem Sockel bauen auch die Ausbildungsergebnisse der Gymnasial- und Universitätszeit wieder auf. Und wenn viele Hochschulabsolventen nach den Examina auf das Feld der «feinen Unterschiede» (Bourdieu) treffen, machen sich diese frühen Prägungen erneut geltend. Diese Dominanz des Familieneinflusses lenkt noch einmal auf die fundamentale Bedeutung der sozialen Herkunft, in der Regel auch des Vaterberufs hin. Deshalb halten sich die Mehrheiten des Nachwuchses aus Akademiker- und Angestelltenfamilien sowohl auf dem Gymnasium als auch auf der Universität. Längst vor dem Überwechseln in das höhere Bildungssystem wird daher frühzeitig in vielfacher Hinsicht über die Lebenschancen der Kinder entschieden. Eine hilfreiche Korrektur ist nur mit großem Schulungsaufwand und hohem materiellen Beistand möglich.

Für eine Bildungspolitik, welche das hochgespannte Ziel der Verbesserung der Chancengerechtigkeit ernst nimmt, ergibt sich daraus eine schwer abweisbare Konsequenz. Die vorschulische Ausbildung zwischen dem vierten und sechsten Lebensjahr, welche den Belastungen durch die soziale Herkunft insbesondere der Kinder mit einem Migrationshintergrund kompensatorisch wie die Ganztagsschule entgegenwirkt – sie muss endlich allgemein verbindlich in allen Bundesländern eingeführt werden. Anders lassen sich offenbar die starren Ungleichheitsgrenzen nicht auflockern und Schritt für Schritt überwinden. Das ist freilich ein Projekt, das ohne milliardenhohe Kosten nicht verwirklicht werden kann. Den staatlichen Subventionen, die für den Finanzsektor seit 2008 gewährt worden sind, kann sich dieser vergleichsweise kleine Förderungsbetrag freilich nicht von ferne annähern. So bleibt als Bilanz übrig, dass zwar auch die staatliche Intervention nur in erkennbaren Grenzen zum Erfolg führt, dass es aber zu ihr keine wirkliche Alternative gibt. Wird diese Intervention nicht endlich umfassender in Gang gesetzt, bleibt nur Resignation übrig – verbunden mit extremen sozialen und politischen Folgekosten.

9.

Die Ungleichheit der Geschlechter

Auf dem Weg zur Gleichberechtigung haben die Frauen in der Bundesrepublik in den letzten vier Jahrzehnten ein großes Stück zurückgelegt. Diese Dimension der Ungleichheit ist in der Bundesrepublik erst ziemlich spät in Frage gestellt worden, ehe sie dann tatsächlich effektiv vermindert worden ist. Von der klassischen Ungleichheitsforschung war sie zunächst stillschweigend übergangen worden. Dass der fundamentale Unterschied zwischen den Geschlechtern seit jeher sozialkulturell überformt und insofern Bestandteil der Sozialen Ungleichheit war, wurde erst im letzten Drittel des 20. Jahrhunderts unter dem Eindruck der feministischen Kritik an dieser eklatanten Vernachlässigung als zentrales Feld anerkannt und endlich abgemessen betrachtet. Bis dahin hatte sich die Analyse der Sozialhierarchie ganz an den Männern: an ihrem Einkommen, Beruf und Prestige orientiert, bevor sie die Frauen den Kategorien, mit denen die Männer erfasst wurden, umstandslos zuordnete. Diesem naiven Verfahren mangelte es im Hinblick auf zahlreiche Familien in komplexen westlichen Gesellschaften nicht an Plausibilität. Doch generell wurde es der «Hälfte der Menschheit» nicht gerecht.

Die Bundesrepublik gehört, wie alle westlichen Länder seit der Phase des Nachkriegsbooms, zu jenen Gesellschaften, in denen die traditionalistische Diskriminierung der Frauen von einer ungleich energischer und prinzipieller als früher argumentierenden «neuen Frauenbewegung» angeprangert und in einem zähflüssigen politischen Prozess Schritt für Schritt formalrechtlich, wenn auch nicht sogleich lebenspraktisch abgebaut wurde. Obwohl noch irritierende Relikte der geschlechtsspezifischen Ungleichheit erhalten geblieben sind, hat die Emanzipationsbewegung zugunsten der Frauen nach jahrzehntelang andauernder Auseinandersetzung zu einer unleugbaren Erfolgsbilanz geführt. Sie sollte Mut machen, den Abbau der verbleibenden, durch den Emanzipationstrend im Kern deligitimierten, gleichheitsfeindlichen Traditionen unter Berufung auf die Gleichberechtigungsnorm des Grundgesetzes (Artikel 3) weiter voranzutreiben. Immerhin gibt es inzwischen mehr Abiturientinnen als Abiturienten, mehr Studentinnen als Studenten, mehr Examenskandidatinnen als -kandidaten. Die Frauenquote in den Parteien und an den Hochschulen ist sichtbar gesteigert worden. Der Kampf um die gesetzliche Einführung der Frauenquote – z. B. 30 Prozent innerhalb der nächsten sechs Jahre – in den Chefetagen der großen Unternehmen wird mit einem Erfolg und der Niederlage der reaktionären Verfechter einer freiwilligen Veränderung in Gestalt einer Flexibilitätsquote zugunsten der starren Machonetzwerke enden. Der Vergleich mit der Frauenquote in Skandinavien, England, Holland, Spanien und den USA demonstriert eindrucksvoll, dass Frauen in Führungspositionen innovativer, kommunikativer, planungssicherer und, wie die gesteigerte Unternehmensrendite zeigt, ökonomisch erfolgreicher als die männliche Konkurrenz operieren. Dieser verbesserte Gewinn müsste eigentlich in jedem kapitalistisch-marktwirtschaftlichen System eine durchschlagende Überzeugungskraft besitzen.

Der Appell, den Kampf um die Gleichberechtigung in den verschiedenen Lebensbereichen fortzusetzen, ist auch deshalb angebracht, weil eine jüngere Frauengeneration die inzwischen erreichten Erfolge für gegeben und zufriedenstellend hält. Dabei übersieht sie aber leicht, dass sie nicht nur entschieden verteidigt, sondern auch durch die Lösung der verbleibenden Aufgaben ergänzt werden müssen, die sich in der Arbeitswelt, im Bildungswesen, im politischen Leben und in der Privatsphäre sperrig gehalten haben. Nicht zuletzt geht es um die Veränderung der tief verwurzelten gesellschaftlichen Rollenanforderungen an Frauen, wie sie sich durch die Folgen der Sozialisationsprozesse auf die Persönlichkeit und ihre Einstellungen, ihr Motivationsgefüge und ihre Verhaltensweisen auf eine alles andere als leicht zu korrigierende Art weiter auswirken.

Vier Komplexe: Arbeit, Bildung, Politik und Familie lohnen die Erörterung.

1. Traditionsgeheiligte Männerprivilegien sind seit jeher mit einer starren Resistenzkraft auch im Berufsleben gegen eine aktive Frauengleichberechtigung verteidigt worden. Auch deshalb verkörpert die voranschreitende «Feminisierung der Arbeitswelt» am Ende des 20. und zu Beginn des 21. Jahrhunderts «eine der größten sozialen Veränderungen» der Epoche seit 1945. Die Erwerbsquote der 15- bis 60-jährigen Frauen stieg zwar von 1950 bis 1980 nur von 44.4 auf 52.9 Prozent, bis 2000 aber immerhin auf 62 Prozent, die Quote der verheirateten Frauen auf 48.3 Prozent. Allein der Anteil der Angestellten und Beamtinnen kletterte in der Zeitspanne bis

1980 um 250 Prozent in die Höhe, so dass er 56 Prozent aller weiblichen Berufstätigen ausmachte. Allerdings übten 38 Prozent der erwerbstätigen Frauen eine Teilzeitbeschäftigung aus, um die Anforderungen von Beruf, Familie und Kindern leichter verbinden zu können.

Im Arbeitsleben trafen Frauen weiterhin auf geschlechtsspezifische Arbeitsmärkte, welche ihre Zugangschancen begrenzten. So waren etwa 1990 nur 40 Prozent der Azubis junge Frauen, die eine Lehrstelle fanden. Frauen standen sich vor allem schlechter wegen der grundgesetzwidrigen ungleichen Bezahlung für die gleiche Tätigkeit, wegen ihrer Arbeitsplatzbedingungen, ihrer Arbeitsplatzunsicherheit, ihrer Aufstiegschancen. Die Vereinbarkeit von Familie und Beruf blieb ganz so erschwert wie die Rückkehr in den Beruf nach der Kleinkindphase. Zwar hat sich in den letzten Jahren der Einkommensabstand bei Männern und Frauen bei einer Vollerwerbstätigkeit etwas verringert, doch ist er noch immer unübersehbar vorhanden. 1990 verdienten weibliche Angestellte im Durchschnitt 71 Prozent, Arbeiterinnen 74 Prozent des Bruttoverdienstes von Männern im selben Beruf. Der Bruttostundenlohn von Arbeitern und Arbeiterinnen verhielt sich 1950 wie 0.73 zu 0.44, 1990 aber wie 10.82 zu 7.92 DM, die Bruttomonatslöhne von Männern und Frauen im Angestelltenstatus 1960 wie 370 zu 207, 1990 wie 2579 zu 1968 DM. Inzwischen beträgt der Abstand zu den Männern immer noch 21 Prozent. Generell wurden Frauen in der Industrie in die schlechter bezahlten Leichtlohngruppen eingestuft. Während dort 20 Prozent der Männer ein monatliches Nettoeinkommen von mehr als 2600 DM verdienten, erreichten nur vier Prozent der Frauen diese Höhe.

Ein Dilemma der Frauenarbeit trat auch in dem Umstand zutage, dass Frauen überproportional häufiger, nämlich zu 90 Prozent, sich in bestimmten, oft auch krisenanfälligeren Berufszweigen zusammenballen: als Bürokräfte und Verkäuferinnen, in der Textilverarbeitung und in den Pflegediensten. Dagegen waren nur 1.3 Prozent in sogenannten männlichen Berufen wie dem des Kfz-Mechanikers, Elektroinstallateurs, Maschinenschlossers tätig.

In der Verteilung auf die einzelnen Sektoren ist der dominante Trend seit 1950 nicht zu übersehen. Waren anfangs noch 32.5 Prozent der erwerbstätigen Frauen in der Landwirtschaft, fast ausschließlich als «mithelfende Angehörige», beschäftigt, kamen sie bis 1980 nunmehr auf sieben Prozent, und auch dieser Anteil schrumpfte noch unentwegt weiter. Währenddessen stieg in der Industrie der Anteil von 24.8 auf 29.6 Prozent im Grunde genommen erstaunlich geringfügig an, doch im expandierenden Dienstleistungssektor wuchs er von 31 Prozent um das Doppelte auf 63.4 Prozent. Selbstständige standen sich am Besten, aber Frauen stellten nur vier Prozent von ihnen und erreichten auch dort nur 82 Prozent des Männerverdienstes.

Die Lohn- und Gehaltshöhe bestimmt im deutschen System der sozialen Sicherheit im Allgemeinen die Renten- und Pensionshöhen. Auch in dieser Hinsicht werden Frauen, die häufig nicht die versicherungspflichtige Arbeitszeit von 40 Jahren erreichen, krass benachteiligt. So erreichten etwa männliche Angestellte bis zur «Wende» eine Monatsrente von 1459 DM, weibliche dagegen von nur 688 DM. Arbeiter kamen auf 1052 DM, Arbeiterinnen auf 377 DM. Witwen ohne eigene Rente erhielten nur 60 Prozent der Rente des Ehemanns, obwohl ihre Ausgaben nach seinem Tod nachweislich nur um 27

Prozent sanken. Deshalb ist jeder vierte Sozialhilfeempfänger eine mehr als 60 Jahre zählende Frau. Zusätzlich zu dem Einkommens- und Rentenproblem werden Frauen auch durch ein höheres Arbeitsplatzrisiko bedroht. In den 70er und 80er Jahren, mithin vor der Massenarbeitslosigkeit seither, lag ihre Arbeitslosenquote bereits um 30 Prozent höher als diejenige der Männer. Seither ist sie noch weiter angestiegen. Auch der Abstieg in die Armut erreichte Frauen, insbesondere die alleinerziehenden Mütter, weitaus häufiger als Männer.

In drastischer Form wirkt sich auch weiterhin die Drosselung der Karrierechancen aus. In diesem für die soziale Gleichstellung besonders sensiblen Bereich macht sich «das Gesetz der hierarchisch zunehmenden Männerdominanz» geltend: Je höher eine Berufsposition gelagert ist, desto ausgeprägter kommt die Vorherrschaft der Männer zur Geltung. Das bestätigen einige Beispiele. In den Chefetagen der 626 umsatzstärksten deutschen Aktiengesellschaften und Gesellschaften mit beschränkter Haftung fanden sich, sage und schreibe, zwölf Frauen (0.5 %) unter 2.286 Männern. An den höchsten Bundesgerichten stellten Frauen fünf Prozent. Immerhin wuchs ihre Zahl auf den Richter- und Staatsanwaltsstellen in den 20 Jahren bis 2000 von 11/10 auf 27/28 Prozent. Von ihrer Lage an den Universitäten wird gleich die Rede sein. An allen Schulen stellen Lehrerinnen zwar 55.9 Prozent des Personals, von den 24000 Schulleitern aber nur 3000 (12.8 %), von den Schulräten sogar nur 8.8 Prozent. Die Mehrheit der Akademikerinnen wird außer von Lehrerinnen von Ärztinnen gestellt, jedoch nur selten erreichen diese die Hierarchiespitze der Chefärzte. In den Redaktionen des öffentlich-rechtlichen Rundfunks erreichten Journalistinnen 1987 20 Prozent, in den Führungspositionen aber nur drei Prozent. Erst unlängst haben einige Frauen den Weg auf den Intendantenposten geschafft. Wegen dieser Ungleichverteilung gehört die Bundesrepublik im Hinblick auf die berufliche Gleichstellung der Frau noch immer zu den Schlusslichtern der EU.

Sucht man nach den Ursachen der Bremswirkung, die von den Aufstiegsbarrieren ausgeht, führt zum einen offensichtlich kein Weg daran vorbei, die Folgen der noch immer nicht grundlegend veränderten, vielmehr weit verbreiteten geschlechtsspezifischen Sozialisation hoch zu veranschlagen. Denn sie fördert andere Persönlichkeitsmerkmale, andere Dispositionen, einen anderen Habitus als bei Männern. Beim Aufbau dieses weiblichen Habitus wird Zurückhaltung statt ostentativen Selbstbewusstseins gepflegt, gedämpftes Vertrauen auf die eigenen Fähigkeiten statt energisches Durchsetzungsvermögen, die höhere Bedeutung der sozialen, emotionalen Dimensionen statt männlicher Härte. Im Ergebnis führt gerade diese habituelle Prägung vielfach zu einer beruflichen Benachteiligung von Frauen. Zum anderen dauern patriarchalische Strukturen in der Berufswelt weiter fort. Sie äußern sich z.B. in dem sprichwörtlichen männlichen Zweifel an der Kompetenz, der Belastbarkeit, der Führungsfähigkeit von Frauen. Diesem Vorurteilssyndrom des Machismo steht – wie vergleichende Studien schlüssig nachgewiesen haben – in der beruflichen Realität das Gegenteil diametral gegenüber. Wie der vorn erwähnte Streit um die Frauenquote in Unternehmensvorständen erwiesen hat, können Frauen Leitungsfunktionen mindestens so gut, wenn nicht besser als Männer ausfüllen, da sie teambewusster, kommunikativer, innovativer, entscheidungsfreudiger, planungsfähiger und dazu noch wirtschaftlich erfolgreicher operieren. Das sollte in einem kapitalistischen Marktsystem das durchschlagende Argument sein. Warum aber eine Quote von 30 Prozent fordern anstatt gleich 50 Prozent, wie das der weiblichen Hälfte der Bevölkerung unter Gerechtigkeitsgesichtspunkten entspräche?

Zugleich muss man eingestehen, dass der Preis, den Frauen für den Berufserfolg häufig zahlen, außerordentlich hoch ist. Aus Rücksicht auf ihre Karriere bleiben 45 Prozent der Frauen, die es auf wirtschaftliche Führungsstellen geschafft haben, ledig – das ist ein 12-mal so hoher Anteil, wie er bei Männern zu finden ist. Sogar 80 Prozent bleiben kinderlos. Die Scheidung kommt dreimal so häufig wie bei Männern vor. Diese Schwierigkeiten, welche die Vereinbarung von exponierter Karriere mit Ehe, Familienleben und Kindern aufwirft, wird niemand gering schätzen. Aber warum werden sie etwa in Frankreich und Nordamerika dezidiert zu meistern gesucht und offenbar keineswegs im Ausnahmefall souveräner überwunden als in Deutschland?

2. Die Erfahrung hat inzwischen gelehrt, dass sich im Bildungssystem die geschlechtsspezifischen Unterschiede vergleichsweise noch am schnellsten durch gezielte politische Interventionen abbauen lassen, wie sie etwa die Bildungsreform seit den 60er Jahren mit sich gebracht hat. Hatten Mädchen 1975 noch eine Abiturquote von 39 Prozent erzielt, führten sie 2000 beim Abitur mit 55 Prozent, beim Realschulabschluss mit 52 Prozent, während sie nurmehr 45 Prozent der Hauptschüler stellten. Auf der Universität haben Studentinnen ebenfalls einen großen Sprung nach vorne getan: Hatten sie 1965 erst 27 Prozent der Studentenschaft erreicht, stellten sie

seit 1994 mit 52 Prozent, Tendenz weiter steigend, die Mehrheit der Studienanfänger. Damit hatten junge Frauen, getrieben von dem Wunsch nach einer qualifizierten Ausbildung und der Aussicht auf ein überdurchschnittliches Einkommen, an allen Institutionen der höheren Bildung die Führung übernommen.

Diesem Erfolg stand indessen die weiter anhaltende Ausdünnung des weiblichen Lehr- und Forschungspersonals auf den höheren Stufen der wissenschaftlichen Qualifikation entgegen. 1988 wies die Hochschulstatistik von allen C4-Professuren nur 2.6 Prozent für Frauen aus, von den C3-/C2-Professuren sieben Prozent, von den habilitierten Privatdozenten neun Prozent. Der Anteil der Unverheirateten lag unter den Professorinnen 10-mal höher als bei ihren männlichen Kollegen. 57 Prozent waren geschieden, dagegen nur 18 Prozent bei den Männern. Die Hälfte hatte sich gegen Kinder entschieden. Auch von den Promotionen entfielen nur 26 Prozent auf Frauen. Damit gehört die Bundesrepublik im Hinblick auf den Frauenanteil im Universitätsbetrieb bis 1999 ebenfalls zu den drei Schlusslichtern der EU.

Dieser «Cultural Lag» hat natürlich nichts mit einer unterschiedlichen IQ-Ausstattung zu tun. Vielmehr wirkt sich die immer noch häufig auftretende Dreifachbelastung auf junge Frauen hemmend aus. Kinderaufzucht, Haushaltsführung und Studium über Jahre hinweg zu verbinden ist mit strapaziösen Ansprüchen verbunden, zumal Männer noch immer nicht einen gleichwertigen Anteil an der Kinderpflege und Hausarbeit übernehmen. In den letzten Jahren wird daher immer häufiger die Notbremse gezogen, indem auf Kinder verzichtet wird. Diese Lösung ist aber auch mit gravierenden Nachteilen verbunden. Die Bestandserhaltung, seit 1971 demographisch in Frage gestellt, wird auch dank dieser Haltung immer illusorischer. Gerade Kinder von Akademikerinnen könnten eine privilegierte Förderung genießen. Setzt die späte Trauer wegen des Verzichts auf eigene Kinder ein, ist die biologische Uhr nicht mehr zu korrigieren. Diese düstere Alternative: Berufserfolg oder Kinder, wird in Frankreich oder in den USA nach Kräften vermieden, da Einrichtungen zur Kinderbetreuung von der Kita über den Kindergarten bis zur Ganztagsschule den Müttern eine vorauskalkulierbare Entlastung bringen, die durch die Steuererleichterung und Familienzuschüsse einer pronatalistischen Politik noch ausgedehnt wird.

Zu einem nicht geringen Teil hängt die Ungleichheit auf den verschiedenen Stufen der Universität auch mit der geschlechtsspezifischen Fächerwahl zusammen, die Frauen seit langem in einem ausgeprägten Maße treffen. So stellten zum Beispiel 1990 Studentinnen in den Ingenieurwissenschaften nur 12 Prozent, in der Mathematik und den Naturwissenschaften 32 Prozent, in Jura und der Betriebswirtschaftslehre 36 Prozent, aber in den Sprach- und anderen Kulturwissenschaften, in Pädagogik und Psychologie jeweils 62 Prozent. Infolgedessen wurden in diesen Mehrheitsfächern auch die Qualifikationsrituale häufiger absolviert.

Überhaupt drängen sich junge Frauen in relativ wenigen Ausbildungsberufen zusammen: für die Büroarbeit im Dienstleistungssektor, für Verkaufen und Lehren, Betreuen und Pflegen. Diese Überrepräsentation in der Berufsschulung für die klassischen Frauenbereiche des Lehrens, Heilens und Helfens, mithin die Ausbildung als Krankenpflegerin, medizinisch-technische Assistentin, Psycho- und Physiotherapeutin ist aber mit nicht unerheblichen Kosten und großem Zeitaufwand verbunden, ohne dass der Arbeitsmarkt diese Investition später angemessen belohnt. Auffällig selten wählen Frauen dagegen technische oder produktionsnahe Berufe. Hier wirken sich offenbar zählebige Geschlechterstereotype gegen eine angeblich nicht frauengemäße Berufstätigkeit noch immer hemmend aus.

3. Auch auf dem Politikfeld zeichnet sich ein ambivalentes Bild ab. Wie seit jeher stellen Frauen eine Minderheit in der Mitgliedschaft aller politischen Parteien. 1970 betrug die Frauenquote in der CSU zehn Prozent, in der CDU 13.6 Prozent, in der FDP 15 Prozent, in der SPD 17.3 Prozent. Bis 1990 hatten sich die Quotenanteile aber deutlich verbessert. Die CSU kam jetzt auf 17, die CDU und die FDP erreichten 25, die SPD 29 Prozent; allein bei den Grünen erzielten sie 39 Prozent. Der Aufstieg in der Funktionärshierarchie gelang Frauen aber immer noch ziemlich selten. In den Gewerkschaften sah die Zusammensetzung – trotz der gestiegenen Erwerbsquote der Frauen – ganz ähnlich aus. 1988 waren dort nur 25 Prozent der erwerbstätigen Frauen Mitglieder (bei den Männern immerhin 43 %). Im Bundestag und in den Länderparlamenten ist die Anzahl der weiblichen Abgeordneten trotz der heftigen Quotendebatte auffällig klein geblieben. Dagegen drückte sich die Umwerbung der Wählerinnen in einem klaren Frauenaufstieg in die Bundesvorstände der Parteien aus. In der SPD kamen Frauen immerhin auf 42, in der CDU selbst jetzt nur auf 28 Prozent. Auch in den Ländern war es den Frauen bis 1990 gelungen, 46 von 172 (27 %) Ministerämter für sich zu gewinnen.

Das Beharrungsvermögen patriarchalischer Strukturen in der Politik hing aber auch mit dem Nachteil zusammen, dass es rund zwei Jahrzehnte lang keine aktive, politisch vorwärtsdrängende Frauenbewegung als Motor der Veränderung gab. Zwar schlossen sich 1969 Hunderte von Verbänden mit etwa zehn Millionen Mitgliedern im «Deutschen Frauenrat» zusammen, doch diese nur äußerlich imponierende Massenorganisation führte ein politisches Schattendasein. Die «Neue Frauenbewegung» einer jüngeren, von der feministischen Kritik erfassten Generation entfaltete sich erst in den 70er Jahren. Sie war zum Teil ein Erbe der antiautoritären 68er-Bewegung, zum Teil das Ergebnis von Konflikt- und Beschleunigungsprozessen. Sie drängte auf das neue sozialliberale Scheidungsrecht, das an die Stelle des Verschuldensprinzips das Zerrüttungsprinzip zu einer Zeit setzte, als die Scheidungsrate von 1962 = zehn Prozent bis 1971 auf 23 Prozent gestiegen war. Die sozialliberale Reform des Familien-, Ehe- und Scheidungsrechts brachte 1977 eine grundlegende Verbesserung, da das Partnerschaftsmodell gegen die herkömmliche Hausfrauenehe durchgesetzt wurde.

Inzwischen hatten Aktivistinnen der neuen Frauenbewegung zahlreiche städtische Frauenzentren gegründet, Aktionen, Ausstellungen und Feste veranstaltet. Überhaupt bemühten sie sich, den Forderungskatalog des ersten großen Bundesfrauenkongresses, der 1972 in Frankfurt abgehalten worden war, in politische Maßnahmen zu übersetzen. Dabei ging es um die Erleichterung der Teilzeitarbeit, den gleichen Lohn für gleiche Arbeit, das Babyjahr für Mütter und Väter, die Streichung des § 218, die Verwirklichung weiblicher Autonomie. Wie mühselig sich der politische Nahkampf auch erwies, führte der Politisierungsschub seit den 70er Jahren doch zu einer spürbar verbesserten Annäherung an die Gleichstellung, wie das die Gesamtbilanz um die Jahrhundertwende erweist. So unübersehbar dieser Erfolg der Schwungkraft der neuen Frauenbewegung zu verdanken ist, bleibt doch die dynamisch vorwärts treibende, dauerhafte Aktivität einer Vorkämpferin der Frauenemanzipation wie Alice Schwarzer mit ihrer Zeitschrift «EMMA» anzuerkennen, die über Jahrzehnte hinweg dieser Bewegung kräftige Impulse gegeben hat.

4. Wenn auch in der Arbeitswelt, im Bildungswesen und in der Politik innerhalb weniger Jahrzehnte durchgreifende Verbesserungen zugunsten der Frauen durchgesetzt worden sind, ohne doch die Traditionsrelikte vollständig überwunden zu haben, bleibt offenbar die Rollenzuweisung in der Familie oder Lebenspartnerschaft «sehr zählebig» auf überkommene Muster fixiert. Ein dauerhafter Wandel ist im Grunde nur vorstellbar, wenn sich zum einen eine andere Arbeitsteilung durchsetzt, der zufolge Männer ungleich intensiver als bisher in die Kindererziehung und Hausarbeit einbezogen werden. Zum anderen müsste es zu einer großzügigen (aber auch kostspieligen) Delegation der Familienarbeit an Hilfskräfte und zu einem optimierten Technikeinsatz kommen. Die erste Variante ist deshalb schwierig zu verwirklichen, weil sich Väter eher für eine – auch dann noch arg begrenzte – Kinderbetreuung als für die Haushaltsführung entscheiden. Noch immer sind es nur 20 Prozent der Männer, die ihren Frauen gelegentlich helfen. Waschen, Kochen, Bügeln, Säubern – das bleibt immer noch zu 80 Prozent die Aufgabe der Frau. Die traditionelle Rollenverteilung nicht nur in der Familie, sondern auch in den Lebensgemeinschaften, besitzt offenbar ein «enormes Beharrungsvermögen», das

ein Haupthindernis für die Gleichstellung der Frau bleibt.

Außerdem türmen sich weitere Hindernisse für den gleichzeitig angestrebten beruflichen Erfolg auf. Spitzenpositionen verlangen permanent den zuverlässigen Beistand in der Familie und im Haushalt. Diese Hilfe ist nicht immer leicht und dazu noch auf lange Sicht zu finden. Bei einer Umfrage fanden zwar 70 Prozent der Männer den Erziehungsurlaub «gut», doch nur ganze zwei Prozent nahmen ihn auch in Anspruch. Der Einstieg in die erfolgversprechende Berufskarriere muss außerdem «im richtigen Alter» erfolgen, wird aber gerade dann durch Kinder erschwert. Wollen die Männer um des beruflichen Vorteils willen den Wohnort wechseln, schließen sich die Frauen entgegen ihrer eigenen Interessenlage gewöhnlich an, da sie eher bereit sind, solche Konflikte zugunsten des Partners zu lösen. Selbst wenn es weiter gelingt, in der Arbeitswelt, im Bildungssystem und in der Politik die Barrieren abzubauen, die der Gleichstellung der Frauen entgegenstehen, bleiben doch im Sozialisationsprozess für Mädchen und junge Frauen sowie im traditionsbehafteten Familienleben weitere Hürden erhalten, die sich hartnäckig gegen eine Beseitigung sträuben.

10.

Die Ungleichheit bei
Gesundheit und Krankheit

Zu den Dimensionen des gesellschaftlichen Lebens, die
in einem oft nicht beachteten Ausmaß den Imperativen
der Sozialen Ungleichheit unterliegen, gehört auch die
Gesundheitspflege, die keineswegs nur ein Resultat individueller Fürsorge und Aufmerksamkeit, sondern vor
allem das Ergebnis von sozialen Prozessen auf der Linie
der Klassenzugehörigkeit ist. Denn die klassenspezifischen Wertvorstellungen, die das Gesundheits- und
Krankheitsverhalten bestimmen, entscheiden sich auf
krasse Weise, etwa im Hinblick auf die Bereitschaft zur
Früherkennung, zur Prophylaxe und dann zur Behandlung von Krankheiten oder auf das gesundheitsschäd-
liche Verhalten, das Suchtkrankheiten wie Rauchen
und Alkoholismus repräsentieren. Nicht zufällig treten
Herz-Kreislauf-Erkrankungen in den Unterschichten
weitaus häufiger auf als in den Oberklassen, und psychi-
sche Erkrankungen liegen am Sockel der Sozialhierarchie um 40 Prozent über der Rate an ihrer Spitze.

Allgemein gilt, dass die Gesundheitsrisiken in der
einkommensschwachen Bevölkerung deutlich stärker
verbreitet sind. Das geht bis hin zur zwei-, dreifach er-
höhten Sterblichkeit in den Unterklassen. Gesundheit
und Krankheit stehen in einer klaren Abhängigkeit vom

Bildungsniveau. Längere Krankheiten, gerade auch solche chronischer Natur, treffen zu 40 Prozent Männer mit einem Hauptschulabschluss, nur zu 30 Prozent ehemalige Abiturienten; bei Frauen lautet das Verhältnis 50 zu 37 Prozent. Ebenso ungleich ist die Häufigkeit des Infarkts verteilt. Starke anhaltende Schmerzen treten zu 43 Prozent bei Männern mit dem Hauptschulabschluss auf, nur zu 18 Prozent bei solchen mit Abitur; bei Frauen lautet das Verhältnis 51 zu 27 Prozent. Die Drogensucht des regelmäßigen Rauchens findet sich zu 68 Prozent bei Hauptschulabsolventen, nur zu 54 Prozent bei Ex-Abiturienten; bei Frauen lautet das Verhältnis 62 zu 36 Prozent. Ein krasses Übergewicht tritt bei 73 Prozent der Frauen mit Hauptschulabschluss auf, dagegen nur bei 38 Prozent der Frauen mit Abitur. Sportlich inaktiv sind 50 Prozent der Unterklassenmitglieder; diese Zahl liegt doppelt so hoch wie die der früheren Abiturienten.

Kurzum: Mit höherer Bildung verbessert sich in der Bundesrepublik der Gesundheitszustand, da bereitwilliger, gezielter, schneller Prophylaxe und der Arztbesuch frühzeitig einsetzen. Die Anzahl der Erkrankungen und das Sterberisiko sinken deutlich ab. Umgekehrt ist das Spektrum der gesundheitlichen Risiken für Angehörige der unteren Klassen dreimal so hoch wie für die oberen Klassen. Wegen dieser eklatanten sozialen Differenzen leben z. B. beamtete Professoren im Durchschnitt länger als Arbeiter. Die Sterblichkeit im proletarischen Berlin-Kreuzberg übertrifft um 50 Prozent diejenige des gutbürgerlichen Berlin-Zehlendorf. Noch immer ist auch die Kindersterblichkeit in einem erschreckenden Umfang von der Klassenlage der Eltern abhängig. Das hängt wesentlich mit den Unterschieden in der Vorsorgepraxis von Schwangeren zusammen: Frauen mit Abitur greifen zehnmal häufiger auf die regelmäßige medizinische Kontrolle und Hilfeleistung zurück als Frauen mit einem Volksschul- oder Hauptschulabschluss.

In einer Hinsicht ist die Ungleichheitsdimension allerdings entschieden und erfolgreich bekämpft worden: Das ist die Behandlung von Behinderten. Bis weit in das 20. Jahrhundert hinein hing ihre Beschäftigung vom individuellen Wohlwollen des Personalchefs oder sogar des Unternehmers ab. Ihre Lage auf dem Arbeitsmarkt war daher mehr als prekär und kam oft genug einer Exklusion gleich. Inzwischen ist sie aber durch gesetzliche Intervention weitgreifend verbessert worden. In der Privatwirtschaft und im Staatsapparat wird bei der Gleichwertigkeit von Kandidaten fast schon regelmäßig der behinderte Konkurrent gewählt. Diese rundum erfreuliche Entwicklung zeigt die humanen Züge des demokratischen Sozialstaats.

Die drastischen Unterschiede im Verhalten gegenüber Gesundheit und Krankheit sind in erster Linie kein Ergebnis der Einkommensverhältnisse, obwohl teurere, aber vielversprechendere Behandlung oder Medizin den Privatpatienten ungleich leichter zustatten kommen können als Mitgliedern der gesellschaftlichen Pflichtversicherung. Ausschlaggebend ist vielmehr, wie etwa auch im Bereich der Bildung, die mentale Öffnung oder Sperre, denn das vorzügliche deutsche Gesundheitssystem kommt seit langem materiell denkbar unterschiedlich gestellten Patienten zustatten. Wegen dieser Mentalität, die das Gesundheits- und Krankheitsverhalten reguliert, indem sie es positiv oder aber auch negativ beeinflusst, trifft die bittere Schlagzeile oft genug zu: Wer arm ist, muss früher sterben. Eine neue Studie hat soeben festgestellt, dass in Deutschland im Hinblick auf die Lebenserwartung zwischen dem obersten und dem untersten Quintil ein Unterschied von elf Jahren bei den Männern, von acht Jahren bei den Frauen besteht. Drastischer könnte der Beweis für die Kluft nicht ausfallen.

11.

Die Ungleichheit
der Wohnbedingungen

Die Ungleichheit der Wohnbedingungen drückt sich auch in der Bundesrepublik in der sozialräumlichen Ordnung aus: in der Segregation der Bevölkerung nach Klassen und Ethnien, in der Siedlungsstruktur, der Raumnutzung und der Eigentumslage. Insofern ist die Wohnsituation ein markanter Bestandteil der durch Ungleichheit geprägten Sozialstruktur. Wenn z.B. seit 1910 in Deutschland der Prozentsatz der rasch wachsenden städtischen Bevölkerung, der in Gemeinden mit mehr als 5000 Einwohnern lebte, deutlich größer war als derjenige Anteil, der in ländlichen Gemeinden mit weniger als 5000 Einwohnern wohnte, drückte sich darin im Vergleich mit der von Grund auf andersartigen Lage 50 Jahre zuvor der dramatische sozialräumliche Wandel aufgrund des beschleunigten Urbanisierungsprozesses aus, der nicht nur die Lebensweise, sondern auch die Mentalität der Bevölkerung umgeformt hat.

Hatte sich bis 1945 der Vorrang der industriell induzierten Verstädterung gehalten, setzte sich seit den späten fünfziger Jahren eine von der rasanten Expansion des Dienstleistungssektors getragene «tertiäre Verstädterung» durch. Sie verband sich mit einer beispiellosen Ausdehnung der städtischen Agglomerationen in das

129

ländliche Umfeld, die von der Kritik als «Zersiedlung»
angeprangert wurde. Diese, wie es lange Zeit schien, unaufhaltsame Ausbreitung besaß einige kraftvolle Ursachen. Die Motorisierung erlaubte es vielen Interessen-
ten, sich den tief sitzenden Wunsch zu erfüllen, «im
Grünen» zu wohnen. Die Realisierung dieser Absicht
wurde durch den Rückgang der Landwirtschaft und die
Auflockerung der dörflichen Besiedlung ganz so unterstützt wie durch die mit dem Ausbau des Dritten Sek-
tors zusammenhängende Neigung, den Rückzug aus
den verödeten Innenstädten anzutreten. Neue Wohnquartiere entstanden auch deshalb massenhaft am Stadtrand, weil dazu erstmals rational durchgeplante, in industriell standardisierter Bauweise errichtete Wohn-
hochhäuser gehörten.

Als seit der Mitte der 70er Jahre die Kritik an der
«Unwirtlichkeit unserer Städte» (A. Mitscherlich) laut
wurde, kam der Übergang zu einer aufgelockerten Form
der Suburbanisierung in Gang. Auch dadurch verwan-
delte sich das Stadt-Land-Verhältnis weiter, da die Ausdehnung der städtischen Besiedlung in die Agrargebiete
anhielt, während die Kernstädte mit dem anhaltenden
Abzug von Wohnbevölkerung zu kämpfen hatten.
Schließlich wohnte die Hälfte der Bundesbürger in städtischen Agglomerationen, die weit über das ursprüngli-
che Weichbild und die rechtlichen Gemeindegrenzen
hinaus vordrangen, während nurmehr 14 Prozent in
streng ländlichen Räumen wohnten.

Eingebettet in die neue Urbanisierungswelle veränderten sich auch die Wohnweisen. Die Wohnung kann
unter vier Aspekten gesehen werden. Zum einen ist sie
ein soziales Gehäuse, in dem die Familie dominiert. Im
Kontrast zum Berufsleben ist sie, zum zweiten, der ge-

nuine Ort der Freizeit. Sie ist, zum dritten, die Domäne der Privatheit, das Gegenteil der öffentlichen Sphäre. Und sie ist, viertens, eine gekaufte oder gemietete Ware. In der Bundesrepublik befanden sich bis 1990 vier Fünftel der Wohnungen in Privateigentum. 70 Prozent von ihnen sind erst nach 1945 entstanden, nur 18 Prozent vor 1918 gebaut worden. Der Trend zum Eigenheim oder wenigstens zur Eigentumswohnung ist als gesellschaftspolitisches Ziel der westdeutschen Wohnungsbaupolitik frühzeitig anerkannt worden. Damit sollte die Familie als «Urzelle» der Gesellschaft unterstützt, durch das individuelle Eigentum die antikollektivistische Ordnung gestärkt werden. Konsequent wurde die Unverletzlichkeit der Wohnung als Menschen- und Bürgerrecht durch das Grundgesetz (Art. 13) geschützt.

Vor dem Frühjahr 1945 war auf dem Boden der Bundesrepublik von zehn Millionen Wohnungen ein Viertel zerstört worden. In manchen Großstädten hatte der Bombenkrieg den Bestand sogar um zwei Drittel reduziert. Pro Kopf standen danach in der Britischen Zone 6.2, in der Amerikanischen Zone 7.6 qm zur Verfügung. Diese Wohnfläche wurde bereits bis 1950 verdoppelt, bis 1980 auf 34 qm gesteigert, nach 2000 erreichte sie 41.6 qm. Diese Steigerung war außer dem privaten Bauboom auch den Leistungen des staatlich geförderten, mit reduzierten Mieten arbeitenden Sozialen Wohnungsbaus zu verdanken. Er galt geradezu als ein «Eckpfeiler des Sozialstaats» seiner Zeit, als Skeptiker 60 Jahre veranschlagten, bis der Wohnungsstand von 1935 wieder erreicht sei.

Schon das einhellig verabschiedete Wohnungsbaugesetz von 1950, das innerhalb von sechs Jahren 1.8 Millionen Sozialbauwohnungen schaffen sollte, ging von der Notwendigkeit eines aktiven staatlichen Engagements aus. Denn dem Kapitalmangel wegen der zu geringen Rendite des Bauens, der Lohndämpfung, und der befürchteten Radikalisierung des Millionenheers von Flüchtlingen, Vertriebenen und Ausgebombten sollte mit diesem staatsplanerischen Element in der Marktwirtschaft entgegengewirkt werden. Die gesetzlich fixierten Mieten im Sozialen Wohnungsbau lagen unter zehn Prozent der Lebenshaltungskosten der Arbeitnehmer, fielen also deutlich geringer aus als die Mieten vor 1939 (13 %) oder vor 1914 (14 %).

Im Rahmen dieses staatlichen Programms wurden im ersten Jahrzehnt der Bundesrepublik, als rund sechs Millionen Einheiten fehlten, jährlich 295 000 Wohnungen (jeweils 55 % aller Neuzugänge) erbaut, in den 60er Jahren waren es noch immer jährlich 209 000 (37 %). Erst als bis 1973 3.1 Millionen Wohnungseinheiten auf diese Weise entstanden waren, setzte ein ziemlich steiler Abfall ein. Dennoch: Um 1980 erreichte die Anzahl der Wohnungen fast die Summe aller Haushalte.

Die Größe und der Komfort waren inzwischen seit den kärglichen Anfängen in den späten 40er Jahren kontinuierlich gestiegen. Bad, WC, Zentralheizung, Einbauküche, Waschmaschine, Telefon und Fernsehgerät gehörten bis dahin zur Standardausrüstung. Die Nutzung der Wohnfläche unterlag einer klaren Polarisierung. Auf die Personen im oberen Quintil entfielen 1987 43.1 qm, auf die des unteren dagegen nur 31.1 qm. Die Eigentumsquote lag oben bei 51.5 Prozent, unten bei 29.6 Prozent; und auch die Mietbelastungsquote fiel im ersten Quintil ungleich niedriger aus als im fünften. Für die Bruttokaltmiete mussten in diesen Stichjahren im fünften Quintil 32.7 Prozent der Einkommen ausgegeben werden, im ersten Quintil fielen dafür nur 15 Prozent an.

Die beiden Mobilitätsprozesse der Abwanderung aus den Innenstädten und die Zuwanderung an die Peripherie hingen, wie vorn erwähnt, eng zusammen. Der Verlust an Wohnbevölkerung im traditionellen Kern der großen Städte war die Folge eines Bündels von Faktoren. Da wirkten sich die überhöhten Baupreise als Sperre gegen erschwingliche neue Wohnungen und Geschäfte aus. Die standardisierte Warenwelt in den allgegenwärtigen Filialen der Kaufhausketten förderte die Sterilisierung der Wohnqualität, damit auch die Verödung der Stadtzentren nach Geschäftsschluss. Neue attraktive Einkaufszentren wurden an den Stadtrand oder ins nahe Umland verlegt.

Gleichzeitig ermöglichte die Motorisierung und die Verdichtung des öffentlichen Nahverkehrs durch Busse und Straßenbahnen, S- und U-Bahnen die Abwanderung an die städtische Peripherie. Hatte es 1949 0.5 Millionen PKW in der Bundesrepublik gegeben, schnellte diese Zahl bis 1990 auf 35.7 Millionen, bis 2003 auf 44 Millionen mit der Tendenz zur weiteren Steigerung empor. Einer der Hauptgründe für die Motorisierung war der dadurch ermöglichte Übergang zu einer Pendlerexistenz, die für den Weg von der Wohnung bis zum Arbeitsplatz morgens und abends eine oft einstündige Fahrzeit in Kauf nahm. Bereits um 1970 hatte ein Drittel aller Erwerbstätigen dieses Pendeln, hauptsächlich mit dem Privatauto, als werktägliche Routine gewählt.

Mit dem Abzug von Hunderttausenden in die Kleinstädte und in das ländliche Umland war eine ominöse De-Urbanisierung verbunden. Die am dichtesten besiedelten städtischen Zentren Mitteleuropas besaßen spätestens seit den frühen 80er Jahren den geringsten Zuwachs, während die kleinen und mittelgroßen Städte ihre Einwohnerschaft auffällig vergrößern konnten. Um die Großstädte lagerte sich häufig in die zersiedelte Landschaft hinein ein «Speckgürtel» von Siedlungen, der bestenfalls den nordamerikanischen «Suburbs», öfters aber einer ziemlich naturwüchsigen Agglomeration mit gravierenden Folgen für die Infrastruktur der Gemeinden entsprach. Denn die kostspieligen Erfordernisse des Straßenbaus, der Wasser-, Strom- und Gasversorgung, der neuen Schulen, Kindergärten und Krankenhäuser mussten von der kommunalen Planung über kurz oder lang berücksichtigt werden.

Während sich die urbane Lebensweise so machtvoll durchsetzte, dass nur wenige Regionen mit einem dominant agrarischen Zuschnitt erhalten blieben, setzte sich die traditionelle, die soziale Hierarchie widerspiegelnde Segregation der Wohnquartiere, wie sie seit jeher das städtische Zusammenleben charakterisiert hatte, in einem hohen Maße wieder durch. Wegen der Zerstörung vieler Städte durch den Bombenkrieg und des hektischen Wiederaufbaus seit den späten 40er Jahren war es zunächst zu einer größeren sozialen Durchmischung der Wohnpopulation gekommen, als es sie je zuvor gegeben hat. Allmählich aber wurden die privilegierten Wohnviertel wieder homogenisiert. Neue Viertel mit teuren, geräumigen Eigenheimen und weitläufigen Gärten in günstiger Stadtlage wahrten ihren exklusiven Charakter durch den Torhütermechanismus der Kauf- oder Mietpreise.

Auf der einen Seite wurden die Großstädte wieder Sammelpunkte der neuen Mittel- und Oberklassen. Auf der anderen Seite waren sie auch Sammelpunkte der Benachteiligten, der Unterklassen, der getrennt lebenden ethnischen Migranten in ihren isolierten Quartieren.

Die traditionellen Arbeiterquartiere blieben längere Zeit durchmischt. Die alten proletarischen Viertel entstanden eigentlich in den zerbombten Städten nirgendwo aufs Neue. Denn der Abzug aus der Innenstadt erfasste auch zunehmend die Facharbeiter, die sich in der suburbanen Randlage mit Hilfe der Bausparkassen den Boden- und Baupreis leisten konnten. Seit den späten 70er Jahren entstanden aber dann aus überwiegend proletarischen Wohnvierteln neue, nach ethnischen Trennungslinien scharf segregierte Stadtteile, in denen sich etwa türkische Arbeitsmigranten und russisch-deutsche Zuwanderer in einer ghettoähnlichen Subkultur einigelten, wie sie etwa Berlin-Neukölln oder Berlin-Kreuzberg aufweisen, wogegen ehemalige Gastarbeiter aus Italien, Spanien, Griechenland und Kroatien weit eher in Mischvierteln lebten. Inzwischen kennt jeder Käufer oder Mieter längst das soziale Prestige, das innerstädtische Image des Wohnviertels, in das er einziehen möchte. Er verfolgt seine bevorzugten Optionen, gleich ob es sich um Angestelltenviertel oder um eine Exklusivitätszone für das Direktorenpatriziat der Großunternehmen handelt. Insofern drückt sich die Soziale Ungleichheit auch wieder in der Siedlungsstruktur und den Wohnbedingungen mit aller unübersehbaren Deutlichkeit aus.

Galt die städtische Wohnung jahrhundertelang als eine Domäne der Familie, haben sich vor allem seit den 80er Jahren vier neue Haushaltstypen expansiv entwickelt. Sie wurden repräsentiert von den nichtehelichen Lebensgemeinschaften, den Singles, den Alleinerziehenden und den Wohngemeinschaften. In den zwanzig Jahren von 1972 bis 1992 stieg die Anzahl der erstgenannten Partnerschaften von 137000 auf mehr als eine Million, die durch eine Dunkelziffer wahrscheinlich noch erheblich vergrößert wurde. Die Zahl von Alleinstehenden unterhalb des 25. Lebensjahres kletterte in den dreißig Jahren bis 1987 schon auf 978 000. In den Alterskohorten der 25- bis 45-jährigen versechsfachte sie sich in dieser Zeit. 1992 gab es zudem nur 1.2 Millionen Alleinerziehende, deren erdrückende Mehrheit von 880 000 Frauen gestellt wurde. Und während 1970 die Wohngemeinschaften noch in ihrer Anfangsphase steckten, stieg ihre Zahl bis 1990 auf 1.92 Millionen.

Diese Differenzierung der Lebensformen lässt sich offenbar nicht auf eine kurzlebige Modeströmung reduzieren. Vielmehr kann sie als symptomatisch für einen tiefgreifenden Gesellschaftswandel gelten. Auf ihn wirkten sich aus:

– die Liberalisierung der Moralvorstellungen und Sexualnormen;
– der Wohlstandsanstieg und die sozialstaatliche Absicherung, die beide einen eigenen Haushalt auch in jungen Jahren ermöglichen;
– die Postadoleszenz der Jugendlichen, denn die Phase halber Selbstständigkeit vor dem Berufsleben hat sich ständig ausgeweitet; sie begünstigt auch das Leben in einer Wohngemeinschaft;
– die im Verlauf des Emanzipationsprozesses von Grund auf veränderte Soziallage und Mentalität junger Frauen.

Aus den zahlreichen Aspekten dieser Veränderungen, die immer mehr junge Frauen im Berufsleben mit einem selbstständigen Einkommen hervorgebracht haben, sei nur herausgegriffen, dass junge Frauen im Durchschnitt mit 21.2 Jahren rund 2.7 Jahre früher aus der elterlichen Wohnung in die Selbstständigkeit ziehen als junge Männer, die dann 24 Jahre alt sind.

Ob Lebenspartnerschaften oder Wohngemeinschaften innerstädtische Wohnungen mit preiswerter Miete bevorzugen und ob die meisten Alleinerziehenden und zahlreiche Singles am Rande pauperisierter Lebensverhältnisse existieren, so dass sie überwiegend die Ungleichheit der Wohnbedingungen zementieren, lässt sich noch nicht klar erkennen. Die Lockerheit der Lebensabschnittsgemeinschaften und die vorübergehende Attraktivität studentischer Wohngemeinschaften sowie die extrem schwierige Situation alleinerziehender Mütter unterstützen aber eher die Dauerhaftigkeit der Sozialhierarchie, als dass sie diese, wie einige Ideologen des freien Lebens behauptet haben, unterlaufen oder gar aufheben könnten.

12.

Die ethnisch-kulturelle Ungleichheit

Es ist eine zählebige Legende, dass Deutschland lange Zeit kein Zuwanderungsland gewesen sei. Denn bereits seit dem ausgehenden 19. Jahrhundert war es das Ziel einer massenhaften Migration. Bis 1914 zogen etwa 450 000 Polen und Masuren aus dem Osten in die deutschen Industriestädte, vor allem in das Ruhrgebiet, wo große polnische Gemeinden entstanden. Nach der Entstehung eines neuen polnischen Staates und wegen der Folgen des Ersten Weltkriegs setzte nach 1918 eine Abwanderung nach Polen und Nordfrankreich ein, so dass rund 200 000 polnische Bergarbeiter wieder abzogen. Im Süden gab es eine nicht unerhebliche Population von italienischen Arbeitsmigranten, die insbesondere in das Baugewerbe strömten. In beiden Weltkriegen holte das Deutsche Reich Millionen von ausländischen Zwangsarbeitern in seine Wirtschaft. Doch erst seit den späten 50er Jahren begann der neue Zuzug sogenannter Gastarbeiter.

Bei ihnen handelte es sich an erster Stelle um angeworbene Italiener, Spanier und Griechen, die der wirtschaftlichen Misere in ihren Heimatländern entkommen wollten. Die Mehrzahl wanderte, als dort der ökonomische Aufschwung die Nachfrage auf dem Arbeitsmarkt belebte, wieder zurück. Aber die in Westdeutschland

139

verbleibenden ehemaligen Gastarbeiter waren im Ausstrahlungsbereich der europäischen Kultur groß geworden, hingen überwiegend dem christlichen Glauben an und erwiesen sich als relativ leicht integrierbar. Sie lebten in städtischen Mischquartieren, verweigerten nicht das Konnubium mit deutschen Frauen und Männern, schickten ihre Kinder zur Volksschule, auf das Gymnasium und die Universität. Nirgendwo hat es mit ihnen gravierende Akkulturationsprobleme gegeben.

Das änderte sich von Grund auf, als nach dem Mauerbau von 1961 und damit dem Versiegen des ostdeutschen Flüchtlingsstroms die türkische Migration sprunghaft in die Höhe kletterte. Ganz überwiegend kamen die türkischen Gastarbeiter aus den anatolischen Armutsgebieten. Sie entbehrten jeder Qualifikation und Sprachkenntnis, traten also auf der untersten Stufe als ungelernte Arbeiter in den deutschen Produktionsprozess ein. Die Unternehmen trafen damit eine fatale Entscheidung: Anstatt die maschinelle Produktionsweise anzukurbeln, was mit ihren finanziellen Ressourcen durchaus möglich gewesen wäre, setzten sie auf eine arbeitsintensive Produktion mit preiswerten, flüchtig angelernten Arbeitskräften. Die Stadtverwaltungen nutzten ebenfalls das Angebot, so dass die Müllarbeiter auf einmal überwiegend türkischer Herkunft waren. Um die Ausbildung im Sinn einer funktionalen Qualifikation haben sich offenbar nur extrem wenige Betriebe gekümmert. Daher blieb unter dem Millionenheer der türkischen Gastarbeiter die Anzahl der unqualifizierten Arbeitskräfte dominant. Sie wurden folgerichtig auch als Erste von der Arbeitslosigkeit betroffen. Die Arbeitgeber nutzten die billigen Arbeitskräfte, bürdeten aber ungerührt der Gesellschaft die enormen

Folgekosten auf, an die sie jetzt nur ungern erinnert werden.

Zwar gab es einen Anwerbestopp als Reaktion auf die massenhafte türkische Zuwanderung, doch alsbald wurde er durchlöchert. Die Zuwanderung von Familienangehörigen und die in der Regel durch Verwandte vermittelte Heirat sehr junger anatolischer Mädchen, die bis vor kurzem ohne Sprachkenntnisse in einen fremdartigen Kulturkreis «exportiert» wurden, trug maßgeblich dazu bei. Daher etablierten sich in der türkischen Minderheit geschlossene Verkehrs- und Heiratskreise in ghettoähnlichen Wohnquartieren, z. B. in Berlin-Neukölln, in denen das türkische Fernsehen läuft und Türkisch die gängige Familien- und Umgangssprache bleibt. Das machte sich insbesondere bei den Schulkindern bemerkbar. In Berlin-Kreuzberg waren 2002 94 Prozent aller Erstklässler türkischer Herkunft, welche die deutsche Sprache nicht einmal ansatzweise beherrschten. Eine ähnliche Isolierung wiederholte sich in Duisburg, Frankfurt, München, Stuttgart, aber auch in Wohnvierteln kleinerer Städte mit einer erheblichen Minderheit türkischer Migranten.

Der verhängnisvolle Verzicht auf Qualifikation und deutsche Sprachkenntnisse unterschied die türkischen Gastarbeiter von der Lage in den klassischen Einwanderungsländern wie Kanada, Australien, Neuseeland, wo mit Hilfe einer Quotenregelung auf qualifizierte Einwanderer mit hinlänglichen Sprachkenntnissen geachtet wurde, denen dann im Lande mit Sprachkursen und anderen Unterstützungsmaßnahmen geholfen wird, ehe sie eingebürgert werden. Zwar haben in Deutschland rund 45 000 türkische Gemüseläden, Dönerstuben und Änderungsschneidereien ihre Selbstständigkeit behauptet. Doch die Arbeitslosigkeit grassiert in schwierigen Wirtschaftslagen gerade unter den türkischen Arbeitsmigranten. In Berlin ist die türkische Arbeitslosigkeit (40 %) mehr als doppelt so hoch wie unter den deutschen Arbeitskräften, und unter den 15- bis 25-jährigen Jungtürken sind sogar 66 Prozent arbeitslos. Infolgedessen ist die Zahl der Sozialhilfeempfänger dreimal so hoch wie der türkische Anteil an der Berliner Bevölkerung. Außerdem gehen zahlreiche Türken mit dem 50. Lebensjahr in Rente, da sie trotz der Abzüge im Vergleich mit Anatolien immer noch ein fürstliches Einkommen erhalten. Ein vernünftiges Verhältnis zwischen Einzahlung in das Sozialsystem und Auszahlung aus seinen Ressourcen ist längst verloren gegangen. Die türkischen Frührentner und Arbeitslosen verkörpern ein gewaltiges Zuschussproblem und nicht den oft behaupteten Gewinn für die deutsche Volkswirtschaft.

Inzwischen beschleunigt sich der Übergang zu einer wissensbasierten Wirtschaftsweise, die immer mehr hoch geschulte Experten verlangt, mithin die erdrückende Mehrheit der Türken wieder ausschließt. Es handelt sich um einen geradezu klassischen Fall der Privatisierung von Gewinnen, dem jetzt die Sozialisierung der Verluste gegenübersteht. Denn die Gemeinde- und Länderkassen müssen zusammen mit dem Bundesversicherungssystem das Arbeitslosengeld, die Sozialhilfe und die Rentenzahlungen trotz ausbleibender Gegenleistungen aufbringen.

Abhilfe kann vornehmlich nur mit intensiver Ausbildung geschaffen werden. Für Kinder mit dem sogenannten Migrationshintergrund müssen vom vierten bis sechsten Lebensjahr intensive Sprachkurse in allen Bundesländern zur Pflicht gemacht werden, damit sie dem

Schulunterricht überhaupt folgen können. Fernbleiben muss zu der Sanktion führen, dass dann jedes Kindergeld gestrichen wird. Hilfeleistungen sind auch noch anschließend in der Schule nötig, da sie in der Elternfamilie meist nicht geboten werden. Wegen des Scheiterns der türkischen Bildungspolitik sind etwa 60 Prozent der zugewanderten Frauen Analphabetinnen, stehen mithin den Schulsorgen ihrer Kinder hilflos gegenüber. Das erfordert außerordentlich kostspielige Programme, für die auf lange Sicht Milliarden aufgebracht werden müssen, wenn man ein degradiertes türkisches Proletariat vermeiden will. Die Allgemeinheit muss für diese Hilfe aufkommen, um die fatale Fehlentscheidung der Unternehmen, um jeden Preis auf den Import billiger Arbeitskräfte zu setzen, endlich zu korrigieren. Vielleicht sollte man wieder einen «Türkenpfennig», wie er im 16. Jahrhundert erhoben wurde, einführen, um die Unternehmen, die Hunderttausende von türkischen Arbeitsmigranten ohne jede Berücksichtigung der Folgekosten geholt haben, an dem Hilfsprogramm angemessen zu beteiligen.

Die äußerst mangelhafte Integrationsbereitschaft der zugewanderten Türken, deren zweite und dritte Generation inzwischen auch an dieser Anpassungsaufgabe versagt, wird deshalb noch zu einem besonders komplizierten Problem, weil die EU sich mit dem Kopenhagener Beschluss von 2004 bereit erklärt hat, der Türkei als Aufnahmekandidat die formellen Beitrittsverhandlungen zu eröffnen. Dieses Projekt droht mit seiner Sprengkraft die EU in Frage zu stellen.

Die Türkei befindet sich in einem – in Deutschland oft ignorierten – Prozess voranschreitender Reislamisierung, welche die Grundlagen der Kemalschen Repu-

143

blik Schritt für Schritt auflöst. Die AKP, die Regie-
rungspartei von Ministerpräsident Erdogan, ist primär
eine islamistische Religionspartei – alles andere als eine bikonfessionelle türkische CDU. Während zwei
Deutschlandbesuchen hat Erdogan mit beispielloser
Unverschämtheit auf Veranstaltungen mit jubelnden
türkischen Besuchern diese auf die Ablehnung der Integration eingeschworen, da sie «Menschenrechte» verlet-
ze. Man kann daraus entnehmen, wie die Regierung
nach einer Aufnahme in die EU die gewährte Freizügig-
keit interpretieren würde.

Gegen eine EU-Aufnahme der Türkei, welche die
Schleusen für eine millionenfache Zuwanderung öffnen
würde, sprechen unwiderlegbare Gründe, nachdem die
geostrategischen Überlegungen (die Türkei als Schutz-
wall der NATO gegen die Sowjetunion) und ökonomische Erwägungen (wirtschaftliche Anbindung durch die
längst verwirklichte privilegierte Partnerschaft) entfallen. Die Einheit Europas würde durch einen islamischen
Großstaat mit 90, bald 100 Millionen Einwohnern mit
einer fremden Kultur und Religion torpediert. Eine Aufnahme entkräftete auch alle Argumente gegen den Anschluss der Ukraine, Weißrusslands und Moldawiens.
Der strategische Overstretch, der mit der Aufnahme der
osteuropäischen Staaten verbunden war und durch den
Anschluss Kroatiens, demnächst wohl auch Serbiens
und Mazedoniens verschärft wird, würde durch einen
Türkeibeitritt eine neue Krisensituation herbeiführen.

Mit der EU-Mitgliedschaft der Türkei gewänne Europa auch Nachbarn wie den Irak und Iran, Georgien
und Syrien sowie als ungelöstes innertürkisches Problem die Kurdenfrage. Die in der EU gültige Freizügig-
keit würde zur Zuwanderung von weiteren Millionen

anatolischer Migranten führen, da die Bundesrepublik unvermeidlich zu ihrem Hauptzielland würde. Dadurch würde das Integrationsdilemma radikal verschärft. Dazu gehörte auch die Zuspitzung der konfessionellen Gegensätze, da von den großen Weltreligionen nur im Islam eine tiefe Feindschaft gegen den Westen kultiviert wird. Zwei Umfragen haben soeben ergeben, dass in Europa zehn Prozent der Bevölkerung für eine Rolle der Religion in der Politik votieren, während es von den Türken 68 Prozent tun. Die politische Demokratie wird in Europa von 85 Prozent als optimale Regierungsform angesehen, dagegen treten in der Türkei traditionsgemäß zwei Drittel für eine autoritäre Führung ein.

Als unüberwindbare Barriere steht auch die Leugnung des Genozids an den Armeniern einem Anschluss an Europa im Wege. Im Ersten Weltkrieg sind 1.5 Millionen Armenier ermordet worden, nachdem in einem großen Pogrom 1895 bereits 250000 Menschen umgebracht worden waren, denen 1918 noch einmal 250000 folgten. Hundert Jahre später bestreitet die Türkei noch immer den Armeniermord und lässt die Kritik an dieser dogmatischen Haltung durch Gefängnis und Zuchthaus verfolgen. Was wäre geschehen, wenn die Bundesrepublik den Holocaust in diesem Stil schlechterdings geleugnet hätte?

Die türkische Unfähigkeit, mit Minderheiten umzugehen, ist überdies in den letzten Jahren durch die Behandlung der Kurden unterstrichen worden. Denn die Armee hat 45000 Kurden getötet, 4000 Dörfer und Gehöfte zerstört und 400000 Kurden zu Flüchtlingen gemacht. Und dann wundert man sich, dass radikalisierte junge Kurden zur militanten Protestpartei, der PKK, stoßen.

Einen solchen osmanischen Großstaat mit einem derartigen Ballast in die EU aufzunehmen, widerspricht allen historischen und vernunftgesteuerten Argumenten. Eine freundschaftliche politische und wirtschaftliche Kooperation reicht im Verhältnis zu Europa als privilegierte Partnerschaft völlig aus. Sie würde es auch vermeiden, dass eine neue türkische Massenzuwanderung die außerordentlich schwer lösbaren Integrationsprobleme der türkischen Migranten in Deutschland noch einmal gewaltig verschärfte. Dagegen ist die Zuwanderung aus den osteuropäischen EU-Ländern, insbesondere aus Polen und Ungarn, in jeder Hinsicht willkommen.[25]

13.

Die Ungleichheit der Konfessionen

Im klassischen Land der Konfessionsspaltung von Protestanten und Katholiken hatten sich 400 Jahre lang starre religionspolitische Schranken erhalten. Das Kaiserreich von 1871 besaß eine eindeutige evangelische Mehrheit von zwei Dritteln der Bevölkerung, denen eine gegenreformatorisch geprägte Minderheit von Katholiken gegenüberstand. Mit der Bundesrepublik entstand dann ein neuer Staat, in dem zum ersten Mal in der neueren deutschen Geschichte ein tendenzielles Gleichgewicht der beiden Konfessionen existierte. Bis etwa 1980 gewannen die Katholiken sogar ein leichtes demographisches Übergewicht im Verhältnis von 43.5 zu 42.8 Prozent. Das war im Wesentlichen das Ergebnis des Umstandes, dass in West- und Süddeutschland katholische Schwerpunktregionen lagen, sodann der Abtrennung der ganz überwiegend protestantischen Gebiete in der DDR und des Zustroms von Millionen katholischer Flüchtlinge und Vertriebener. Sie lösten die religiöse Monokultur auf, indem z.B. katholische Schlesier in norddeutsche evangelische Gemeinden und protestantische Ostpreußen in das bayrische katholische Kernland aufgenommen wurden.

Die konfessionelle Durchmischung und die im Grunde über Nacht herbeigeführte Verschiebung der

Kräftekonstellation hat sich zunächst als Stärkung des katholischen Milieus ausgewirkt. Diese Erfolgsbilanz einer kraftvollen Konsolidierung wurde auch dadurch verstärkt, dass während der ersten 40 Jahre der Bundesrepublik katholische Politiker im Spitzenpersonal fast drei Jahrzehnte lang – von Adenauer bis Kohl – den Ton angaben. Andererseits erlebte diese Zeit aber auch das Ende des traditionellen politischen Katholizismus. Der einst mächtige Verbandskatholizismus entstand nicht wieder aufs Neue. Die Geistlichkeit hielt sich von der politischen Praxis fern. Die Prälatenpolitiker der Weimarer Republik tauchten nicht wieder auf. Dem Zentrum gelang keine Rückkehr in die Politik. Vielmehr stieg die CDU zu einer bikonfessionellen Volkspartei neuen Typs auf. Dieser Christlichen Demokratie gelang es, die durch den Kulturkampf immens verschärfte Diskriminierung der Katholiken als Bürger zweiter Klasse endlich zu überwinden, überhaupt die seit den 1879er Jahren noch immer schwelenden Wunden der Benachteiligung zu heilen. Erstmals gelang es auch katholischen Verbindungen, bei der Besetzung wichtiger Stellen ihren Nepotismus durchzusetzen. Allmählich begann sich die Komposition der höheren Bürokratie zu ihren Gunsten ganz so zu verändern wie die konfessionelle Zusammensetzung der Studentenschaft. Zwar etablierte sich in der CDU ein «Evangelischer Arbeitskreis» prominenter protestantischer Politiker, um gegenüber dem unübersehbaren Vorrang katholischer Konkurrenten und ihrer Leitideen ein Gegengewicht zu schaffen. Doch blieb seine Aktivität im Grunde auf Kooperation eingestellt, jedenfalls weit entfernt von der routinierten Gehässigkeit der traditionellen national- und kulturprotestantischen Kritik.

Trotz des unerwarteten Bodengewinns, den der Katholizismus im politischen Leben Westdeutschlands seit 1949 verzeichnen konnte, setzte in den 60er Jahren eine unaufhaltsame Erosion des vorwiegend kleinstädtisch-ländlichen katholischen Milieus ein. Seine Auslösung wirkte wie der Preis, den es seither für seine erfolgreiche Angleichung an die moderne Gesellschaft zu entrichten hatte.

Zum einen erwies es sich, dass die etablierte katholische Sozialform dem innerkatholischen Drängen nach Autonomie und Selbstbestimmung nicht länger gewachsen war. Der Trend der Individualisierung und Pluralisierung erreichte namentlich die jüngeren Generationen. Das Anwachsen der konfessionell gemischten Ehe, seit jeher eine von der Amtskirche erbittert bekämpfte Regelverletzung, kann als untrügliches Indiz für das Vordringen individueller Entscheidungen gelten. Der Rückgang des Kirchenbesuchs und die Austrittswelle zwischen 1968 und 1973 wurden als weitere Anzeichen der vordringenden Säkularisierung verstanden.

Vor allem aber hob zum anderen das Zweite Vatikanum (1962–1965) die gegenreformatorische Abgrenzung von der modernen Welt, die lange Zeit als «Betriebsunfall» der Heilsgeschichte stigmatisiert worden war, endlich auf. Damit ermöglichte es, von Vertretern des deutschen Amts- und Gemeindekatholizismus weiter unterstützt, eine prinzipielle Öffnung und den Anschluss an wichtige gesellschaftliche Strömungen der Gegenwart.

Im Ergebnis führte diese innerkatholische Entwicklung zu einer drastischen Abschwächung der Front gegen den Protestantismus, der auch selber in jenen Jahren dem katholischen Rivalen schon längst nicht mehr mit hartnäckiger Militanz begegnete. Überhaupt lässt sich konstatieren, dass der orthodoxe Katholizismus durch den «Mangel an inneren Feinden» nachhaltig geschwächt wurde. An solchen Gegnern hatte er aber spätestens seit dem Ultramontanismus und Kulturkampf seine Widerstandskraft geschult, und der kommunistische Großfeind im Osten reichte als integrierendes Feindbild nicht aus, da der antikommunistische Konsens von allen Konfessionen und Klassen in der Bundesrepublik geteilt wurde, mithin nicht als katholisches Spezifikum stilisiert werden konnte.

Der westdeutsche Protestantismus auf der anderen Seite litt unter dem Verlust seiner traditionellen Mehrheitsposition, insbesondere unter der Abtrennung der ostdeutschen Gebiete mit ihrer überwiegend evangelischen Bevölkerung. Beides traf in erster Linie den Nationalprotestantismus, der bis in die 60er Jahre hinein als Grundströmung noch mächtig blieb. Immerhin hatten auch seine Repräsentanten aus dem «Kirchenkampf» während des «Dritten Reiches» soviel gelernt, dass sie sich dem Projekt einer bikonfessionellen Christlichen Demokratie nicht in den Weg stellten, sondern es schließlich als zeitgemäßes Ergebnis eines schmerzhaften Lernprozesses unterstützten.

Zwar tauchte in der Frühzeit der Bundesrepublik mit Gustav Heinemanns «Gesamtdeutscher Volkspartei» eine im Grunde rein protestantische Partei des Protestes gegen Adenauers Politik auf. Doch als sie bei der zweiten Bundestagswahl von 1953 ganze 1.3 Prozent der Stimmen gewann, trat die Aussichtslosigkeit dieser Opposition zutage. Die führenden Köpfe wechselten daraufhin mit den meisten GVP-Wählern zur SPD über. In Gebieten mit einer erstarkten katholischen Diaspora wurde die SPD oder, häufiger noch die FDP, von Protestanten gewählt, da diese Parteien das erwünschte Gegengewicht zur «schwarzen» CDU schaffen sollten. Aber von jenen tiefen Gräben, die noch in der Weimarer Republik das politische Verhältnis der beiden Konfessionen zueinander charakterisiert hatten, konnte keine Rede mehr sein, zumal die CDU als bikonfessionelle Volkspartei ihren eigenen Erfolgssog entfaltete. Umgekehrt wirkte, während immer mehr Katholiken in den Wissenschaftsbetrieb, in das Offizierkorps und in die höhere Verwaltung einrückten, der erbitterte Kampf, den der politische Katholizismus noch ein Vierteljahrhundert zuvor unter dem Banner der «Parität» gegen das protestantische Übergewicht geführt hatte, eigentümlich schal und überholt.

Der Protestantismus hatte sich seit der Reformation ungleich bereitwilliger als die alte Kirche der neuen Zeit geöffnet, und dieses Arrangement hielt auch nach 1949 weiter an. Insofern kam er mit kraftvollen Strömungen müheloser als das katholische Milieu zurecht: etwa mit den Folgen der Urbanisierung und Entagrarisierung, der Konsumgesellschaft und der medialen Massenkultur, erst recht der Bildungsexpansion.

Aber selbstverständlich veränderten diese mächtigen Modernisierungstrends das Leben in beiden konfessionellen Milieus. Auf diese Weise trugen sie auch dazu bei, die überkommenen Unterschiede abzuschleifen. Nach der Zeitspanne einer Generation hatten sich jedenfalls aufgrund der spezifischen bundesrepublikanischen Bedingungen die konfessionellen Unterschiede, die vor kurzem noch so unauslöschlich tief eingefressen gewirkt hatten, so gut wie aufgelöst. Von den Dimensionen der Sozialen Ungleichheit war damit eine lange Zeit beson-

ders restriktiv wirkende Gestaltungsmacht des gesellschaftlichen und politischen Alltagslebens verschwunden.

14.

Die Ungleichheit in der Alltagswelt

Aus den zahlreichen Problemen des Alltagslebens sollen
hier nur einige Fragen zur Ungleichheitsproblema-
tik herausgegriffen werden. Zu den charakteristischen
Kennzeichen unserer Gegenwart gehört es, dass wir im
Zeitalter einer Massenmedienkultur leben. Dieser Sammelbegriff bedarf freilich sogleich der Differenzierung.
Denn einem tendenziell homogenisierenden Medien-
konsum auf der einen Seite stehen auf der anderen Seite
auch scharfe Unterschiede gegenüber. Das Privatfernse-
hen z.B. hat sich weithin als Unterschichten-TV etab-
liert und bis heute auch nicht stellenweise das Niveau
der Öffentlich-Rechtlichen Anstalten erreicht – offenbar auch nie erreichen wollen. Gleichzeitig hat sich eine
neue soziale Auflage der klassischen Hochkultur eingestellt, denn Theater und Oper sind zu Zielen eines an-
schwellenden Zustroms von Besuchern geworden.

Entgegen aller Kritik, dass sich das Fernsehen als
Hauptmedium mit erdrückender Macht rundum durchsetzen werde, ist die Bedeutung des Zeitungswesens erstaunlich stabil geblieben. Mindestens 24 Millionen Tageszeitungen finden täglich ihre Leser, die meisten treue
Abonnenten ihrer Lokal- und Regionalzeitungen. Die
großen überregionalen Zeitungen wie die «Frankfurter
Allgemeine Zeitung» und die «Süddeutsche», der «Ta-

gesspiegel» und die «Stuttgarter Nachrichten» sind unverändert im Stande, wichtige politische Probleme so nachdrücklich als Erste auf die Tagesordnung zu setzen, dass sie von politischen Gremien wie dem Bundestag aufgegriffen werden müssen. Dieses essentiell wichtige Forum der öffentlichen Meinung verdient daher gegenüber allen Kauf- und Verkaufsdrohungen praktikable Schutzmaßnahmen. Glücklicherweise wird die Meinungsbildung in den großen überregionalen Zeitungen durch wöchentlich erscheinende Magazine wie «SPIEGEL» und «FOCUS» vorangetrieben. Jede unorthodoxe Schilderung der deutschen Innenpolitik seit 1949 kommt um die Anerkennung der Schlüsselrolle, die der «SPIEGEL» als Teil der vierten Gewalt gespielt hat, nicht herum. Diese Anerkennung der Wirkung der großen Tageszeitungen und der Magazine impliziert in gewisser Hinsicht ein elitäres Argument, aber auf ihm beruht die Funktionstüchtigkeit der kritischen öffentlichen Meinung.

Wachsende Ungleichheit hat sich auch in der Arena des politischen, zivilgesellschaftlichen Engagements ausgebreitet. Auf der einen Seite gibt es unzweideutig einen Verlust von Beteiligungsformen, die lange Zeit auch die Unterklassen, insbesondere die Arbeiterschichten, einbezogen haben. Massenorganisationen wie die politischen Parteien, Gewerkschaften und Vereine haben in den letzten Jahren zusehends Mitglieder verloren. Das lässt sich auch mit irritierender Klarheit an der schrumpfenden Wahlbeteiligung ablesen. Auf der anderen Seite haben sich für die gehobenen Mittelklassen, insbesondere für Akademiker, neue Formen eines aktiven Engagements herausgebildet, wie es in den zahlreichen Bürgerinitiativen und Freien Wählervereinigungen zu Tage tritt. Dringt daher eine von den Mittel- und Oberklassen dominierte Demokratie vor, der Entpolitisierung, Frustration, Rückzug nach «unten» gegenüberstehen? Wie tief und wie breit würde sich daher in einer ernsthaften Krise – um EU, EURO oder einzelstaatliche Verfassungen – die Verteidigung der Demokratie mobilisieren lassen? Die wachsende Kluft zwischen einer politischen Aktivbürgerschaft und einem in Lethargie versinkenden Bevölkerungsteil ist auf jeden Fall irreführend, und das klassische Gegenargument, dass sich in Wohlstandsgesellschaften eben diese Art von Passivität als Reaktion auf geringe Problembelastung ausdehne, ist auch alles andere als tröstlich.

Ungleichheit regiert auch im Verhältnis zur offiziell erfassten Kriminalität. Sie ist ebenfalls in einem auffallend hohen Maße das Ergebnis von Klassenlagen, denn der Druck der Strafverfolgung und Bestrafung macht sich denkbar unterschiedlich geltend. Jährlich werden in der Bundesrepublik rund 18 Millionen Straftaten registriert, von denen aber nur 35 000 für die Haftstrafen herausgefiltert werden. Ihre Länge hängt von der Schwere der Normverletzung ab.

Fast ausschließlich werden Männer aus dem unteren Drittel der Sozialhierarchie in diese Statistik aufgenommen. Volle zwei Drittel der Häftlinge stammen aus dem untersten Zehntel und besitzen gewöhnlich nicht einmal den Hauptschulabschluss. Zweifellos werden in dubiosen Finanzgeschäften oder bei der Steuerhinterziehung Vergehen begangen, deren Schäden weit höher liegen als bei den niederen Formen der Kriminalität, die am unteren Saum der Unterklassen auftreten. Aber die geschickte rechtliche Beratung der Täter und die Zurückhaltung gegenüber einer komplizierten und kostspieligen Strafverfolgung verbinden sich oft genug zu einem Verzicht auf angemessene Bestrafung. Diese Zurückhaltung lässt sich an der Behandlung der mindestens 180 bis 300 Milliarden ausmachenden Fluchtbeträge ablesen, die in die berüchtigten Steueroasen, in die Schweiz, Luxemburg und Liechtenstein, geschmuggelt worden sind. Man muss abwarten, ob sich der endlich auftretende politische Druck, eine angemessene Besteuerung dieses Fluchtkapitals zu erreichen, effektiv durchsetzen wird. Bis dahin muss man sich auf den Kauf von furchteinflößenden Datenträgern mit Kontoinformationen verlassen, um die deutschen Steuerflüchtlinge zu erfassen und zu Strafzahlungen zu zwingen.[26]

15.

Die Ungleichheit
zwischen West und Ost

Als die Sowjetunion in ihrer ostdeutschen Satrapie einen klassischen Okkupationskommunismus durchsetzte und sich dabei des Kollaborationsregimes der deutschen Bolschewiki in Gestalt der «Sozialistischen Einheitspartei» bediente, unterwarf sie zuerst ihre Zone und später die DDR radikalen Methoden des soziopolitischen Elitenwechsels, der hegemonialen Parteidiktatur, der massenhaften Enteignung und einer rigorosen Planwirtschaft. Deren Basis war durch die einschneidende Demontagepolitik der Besatzungsmacht ungefähr die Hälfte ihres Potentials entzogen worden. Für den Wiederaufbau fehlten die sofort enteigneten bürgerlichen Unternehmer, und zur Wahrnehmung der unentbehrlichen unternehmerischen Leitfunktion erwies sich die Planungsbürokratie als denkbar inkompetent.

Zugleich setzte zwischen 1955 und 1963 eine Massenflucht von Millionen ein, die der russischen Soldateska und dem politischen SED-Regime nach Westen entkommen wollten. Die DDR erwies sich seither als das einzige Land der Welt mit kontinuierlich schrumpfender Bevölkerung: 1948 zählte man in Ostdeutschland 19.1 Millionen, 1989 nurmehr 16.4 Millionen (2000 mit 15.2 Millionen in den neuen Bundesländern noch weniger Einwohner). Bis sich die DDR mit der Mauer 1961 einigelte, verlor sie mit den Flüchtlingen hoch qualifiziertes Personal, z. B. 20000 Ingenieure, 4500 Ärzte, 1000 Professoren und Hunderttausende von Facharbeitern. Sie alle waren für etwa 30 Milliarden ausgebildet worden, kamen aber jetzt der Bundesrepublik als wertvolles, kostenlos erworbenes Humankapital zugute.

Der SED gelang es bis zuletzt nicht, das ökonomische Leistungsniveau so anzuheben, dass der viel beschworene Konkurrenzkampf mit der Bundesrepublik glaubwürdig wirkte. 1989 verdiente der ostdeutsche Arbeitnehmer noch immer nicht einmal ein Drittel (31 %) des westdeutschen Bruttoeinkommens. Nur die zahlreichen Doppelverdiener – 82.5 Prozent der ostdeutschen Frauen waren berufstätig – erreichten etwa 54 Prozent des westdeutschen Einkommens. Die ostdeutsche Wertschöpfung verharrte bei einem Drittel der westdeutschen. In den 40 Jahren ihrer Existenz hinterließ das kommunistische Regime überdies eine fatale Ökobilanz, die Zerstörung der Infrastruktur, den Verfall der Innenstädte, einen schlechten Gesundheitszustand und eine niedrige Lebenserwartung.

Die meisten westdeutschen Sachkenner haben den maroden Zustand der DDR unterschätzt, als sie nach der Abwahl durch ihre Bevölkerung in die Bundesrepublik aufgenommen wurde. Die Veräußerung des «volkseigenen» Eigentums durch die «Treuhand» erwies sich als Verlustgeschäft. Die ostdeutsche Wirtschaft kollabierte sowohl wegen des Verlusts ihrer Ostmärkte als auch unter dem überlegenen westdeutschen Konkurrenzdruck. Über Nacht wurden die neuen Bundesländer zu einem notleidenden Gebiet, das auf unübersehbare Zeit gewaltiger Subventionen bedurfte. Hundert Milliarden wurden seither im Durchschnitt jährlich transferiert, so dass inzwischen zwei Billionen Euro zur Erzeugung gleichartiger Lebensverhältnisse aufgewandt worden sind.

Schon bis 1992 fiel ein Drittel aller ostdeutschen Arbeitsplätze weg. Das traf die Arbeitslosen auch deshalb besonders hart, weil der Arbeit im Ideenhaushalt des verblichenen «Arbeiter- und Bauernstaats» ein hoher Stellenwert beigemessen worden war. Die Anzahl der Eheschließungen und die Geburtenziffer wurden halbiert, die Scheidungsfrequenz verdoppelte sich. An die Stelle des Übermaßes an staatlich gewährter Sicherheit trat seit 1990 zunächst einmal ein Übermaß an Unsicherheit.

Kurzum: Die neuen Bundesländer erlebten einen tiefgreifenden, schockartig wirkenden sozialkulturellen Bruch, der ihnen ein Höchstmaß an Anpassung an die überraschend neuartigen Lebensverhältnisse abverlangte. In diesem Prozess fehlte den Westdeutschen, in deren Gedächtnis die Schwierigkeiten der Nachkriegszeit völlig zurückgetreten waren, ein auf direkten eigenen Erfahrungen beruhendes Verständnis. Immerhin wurde ohne die konventionellen Solidaritätsbeschwörungen eines deutschen Nationalismus die solidarische Haftung für die Wiederaufbauleistungen ohne Murren übernommen. Um diese kontinuierlich gewährten Leistungen wurden die Ostdeutschen von allen ehemaligen Satellitenstaaten der Sowjetunion beneidet, da ihre Modernisierung ungleich schwieriger zu bewältigen war.

Das steile Gefälle der Ungleichheit, die das Verhältnis des wohlhabenden Westdeutschlands, das seit langem zu den reichsten Ländern der Welt gehörte, zu dem Entwicklungsland im Osten charakterisierte, mutete der ostdeutschen Bevölkerung schmerzhafte Veränderungen zu. Die überkommene Struktur der Sozialen Ungleichheit wurde einer unnachgiebigen Verwestlichung ausgesetzt. Diese setzte sich als eine Differenzierung nach oben durch, nachdem die DDR konsequent nach unten nivelliert hatte. Freilich hatte sie dabei auch verräterische Ausnahmen gemacht, da vor 1989 85 Prozent der Studenten aus den Familien der privilegierten «sozialistischen Intelligenz» stammten, während der Anteil der Arbeiterkinder noch geringer als in der Bundesrepublik ausfiel. Zu der Zunahme der Unterschiede gehörte auch der Umbau der Arbeiterschaft und der verbliebenen Bauernschaft in Bestandteile einer neuen Mittelklassengesellschaft. An die Stelle der kleinen politischen Monopolelite traten pluralistische Funktionseliten westlichen Zuschnitts, auf vielen Ebenen auch dominiert von westdeutschen Zuwanderern. Die loyale kommunistische Dienstklasse, die ganz der Monopolelite mit ihren sechshundert Köpfen zugeordnet gewesen war, wurde durch eine den Westen imitierende flexible Dienstklassengesellschaft ersetzt.

Ein Rundblick ergibt daher eine Vielzahl von neuartigen Belastungen, mit denen die ostdeutsche Bevölkerung zu kämpfen hatte. Darauf hatte sie die Glitzerwelt des westdeutschen Fernsehens nicht vorbereitet. Diesen Problemen stand freilich eine imponierende Wohlstands- und Modernisierungssteigerung gegenüber. Der Lohnanstieg führte dazu, dass das Arbeitnehmereinkommen von einem Drittel auf drei Viertel des westdeutschen Durchschnitts anstieg. Die ostdeutsche Wertschöpfung erreichte schon drei Jahre nach der Wende 45 Prozent des Westens. Das Bruttoinlandsprodukt kam bis 2000 auf 69 Prozent des Westens. Mit diesem Tempo wurde sogar der westdeutsche Anstieg auf dem Höhepunkt des «Wirtschaftswunders» durch eine nachholende Einkommensexplosion übertroffen. Die Verdienstlücke zwischen West und Ost war bis 1998 auf einen Unterschied von zwölf Prozent geschrumpft. Der Autobestand hatte sich schon bis 1993 verdoppelt: Von 228 schnellte er auf 418 Pkw für 1000 Einwohner. In der alten Bundesrepublik hatte er viermal so lange (von 1970 bis 1985) von 230 auf 412 in Anspruch genommen. Die Haushaltsausstattung bewegte sich nach kurzer Zeit auf modernstem Westniveau. Überhaupt verbesserte sich erstaunlich schnell die Wohnsituation namentlich in den krass vernachlässigten Innenstädten. Ein wahrer Boom kennzeichnete den Anstieg von Reisen in Länder, die bis zum Fall der Mauer den Ostdeutschen verschlossen geblieben waren.

Ein drastischer Qualitätssprung stellte sich auch im Dienstleistungsangebot ein. Die Sanierung der von der SED rücksichtslos behandelten Umwelt kam in großen Schritten voran. Die Verkehrsverbesserung brachte den Ostdeutschen neue ICE-Strecken und Autobahnen, dazu das modernste europäische Telefonnetz. Die Gesundheitsversorgung wurde dem westdeutschen Niveau zügig angeglichen. Die schwierige Versorgung der Agrargebiete mit einer hinreichenden Zahl von Landärzten sah in Westdeutschland nicht viel anders aus. Selbst das durchschnittliche Bruttogeldvermögen hat sich in Ostdeutschland bereits bis 1994 verdoppelt, wenn es auch zunächst ein Drittel des Durchschnittsvermögens westdeutscher Haushalte ausmachte. Das durchschnittliche Haushaltseinkommen erreichte damals im Osten immerhin 3200, während es im Westen 4600 Euro ausmachte.

Die Verarbeitung der neuen Lebensverhältnisse, ihre Chancen und Belastungen ergaben in der Mitte der 90er Jahre aufschlussreiche Umfragewerte. 48 Prozent der Betroffenen optierten für eine klare Verbesserung ihrer Lage, 23 Prozent jedoch für eine Verschlechterung; knapp 30 Prozent äußerten sich noch unschlüssig. Zwanzig Jahre nach der Wende hat die Zustimmung zur verbesserten Lage etwas mehr als die Hälfte der Bevölkerung in den neuen Bundesländern erfasst, während 22 Prozent weiterhin ihre Skepsis wegen der angeblich verschlechterten Lebenslage äußerten. Jetzt ist der Umstellungsprozess über die Agrargebiete mit ihrer Monokultur und über Städte mit der Wucht ihrer De-Industrialisierung mit schmerzhafter Gewalt hinweggegangen. Namentlich Angehörige der gut ausgebildeten jüngeren Generation suchten ihr Heil in der Abwanderung in den Westen. Mehr als 1.2 Millionen sind in einer entschlossenen Binnenmigration fortgezogen oder führen eine prekäre Pendlerexistenz.

In derart betroffenen Gebieten und Städten neigen die oft arbeitslosen Sesshaften auch zum politischen Protest gegen die neuartige Situation, und die Abertausende von gläubigen SED-Mitgliedern schließen sich aus Empörung über das Scheitern ihrer politischen Zielvorstellungen an. Obwohl sie das Debakel des DDR-Untergangs, das Scheitern der Parteidiktatur und den Niedergang in eine aussichtslose Verschuldung noch selber erlebt haben, optieren sie oft für die Nachfolgeorganisation der SED, die oberflächlich getarnte «Partei des Demokratischen Sozialismus» (PDS). Ihr gelang es, nicht zuletzt dank dem rhetorischen Talent von Gregor Gysi, allmählich ein Wählerpotential von 20 bis 24 Prozent unter den Enttäuschten und Dogmatikern zu erschließen. Mehr als drei Viertel der Wähler entscheiden sich aber, was die PDS gern ignoriert, keineswegs für sie. Doch als Regionalpartei stellt sie vorerst einen Machtfaktor im Stil der frühen Bayernpartei nach 1945 dar.

Mit der fortschreitenden Integration der neuen Bundesländer wird die PDS allerdings einem Erosionsprozess ausgesetzt. Der Anlauf, als «Linkspartei» in den bevölkerungsstarken Westen mit seinen 67 Millionen Einwohnern zu expandieren, ist inzwischen gescheitert. Sie hat sich vor den Karren des blinden antisozialdemokratischen Hasses von Oskar Lafontaine spannen lassen, und konnte sich außerdem nur auf kleine altkommunistische, trotzkistische Splittergruppen, neomarxistische Gewerkschaftler und blinde Kritiker der rot-grünen Reformen stützen. Diese schmale heterogene Basis reichte nicht aus, um zur Grundlage einer attraktiven größeren gesamtdeutschen Partei zu werden, die als Machtfaktor ernst genommen werden muss. Endlose Personalquerelen und die mangelhafte programmatische Überzeugungskraft ihrer diffusen Leitideen werden den Schrumpfungsprozess befördern, aber im Osten des Landes der PDS oder «Linkspartei» noch geraume Zeit den Status einer beachtenswerten Regionalpartei sichern. Je bereitwilliger sie dem Kurs ihres pragmatischen Flügels folgt, desto länger wird sie sich in dieser Form halten können. Ihr Niedergang wird die Abmilderung der Sozialen Ungleichheit im Verhältnis von West und Ost symbolisieren.[27]

Nachwort

Seit zwei Jahrhunderten ist die moderne Wachstumsdynamik der westlichen Gesellschaften zyklischen Konjunkturschwankungen unterworfen. Sie bilden den Grundrhythmus ihres Aufstiegs. Um ihn einer effektiven Gegensteuerung zu unterwerfen, ist Schritt für Schritt der Interventions- und Sozialstaat aufgebaut worden. Seine Erfolge sind beträchtlich, obwohl er bisher keinen dauerhaft geebneten Wachstumspfad planieren konnte. Auch der Aufstieg der deutschen Marktgesellschaft seit dem «Wirtschaftswunder» ist ihrem dynamischen Wachstumspotential zu verdanken, das zu einer in der deutschen Geschichte beispiellosen Explosion der Einkommen und Vermögen geführt hat. Alle Kritik an den gegenwärtigen Exzessen muss daher zunächst einmal die Leistung anerkennen, mit der die deutsche Wirtschaft, durch Binnenproduktion und Außenhandel, das Land in verblüffender Geschwindigkeit aus dem Abgrund eines zweiten totalen Krieges herausgeführt hat.

Diese Wohlstandssteigerung, welche die Bundesrepublik auf den Spitzenrang der fünf reichsten Länder der Welt getragen hat, ist unter den verhängnisvollen Druck der neoliberalen Politik und der Entfesselung der internationalen Finanzmärkte geraten. Denn die neoliberale Politik, die Präsident Reagan und Premierministerin Thatcher mitsamt ihren einflussreichen wirtschaftswissenschaftlichen Ideenspendern wie Friedrich

August v. Hayek und Milton Friedman seit den 1980er Jahren verfolgt haben, zielte darauf, die Utopie des völlig deregulierten Marktes zu verwirklichen. Frei von staatlicher Steuerung sollen ausgerechnet in dieser von scharfen Interessengegensätzen beherrschten und schon deshalb extrem regulierungsbedürftigen Arena die Wirtschaftssubjekte ihre Ziele verfolgen dürfen. Dabei dienten sie angeblich auch noch gleichzeitig dem Fernziel des Gemeinwohls. Der mühsam etablierte Interventions- und Sozialstaat sollte zu einer Schrumpfgestalt degradiert, im Kern entmachtet werden.

Der Voodoo-Aberglaube der Vertreter des total regulierungsfreien und sich selbst steuernden Marktes hat eine zeitlang eine geradezu denkmodische Überzeugungskraft entfaltet, der sogar die europäischen sozialdemokratischen Parteien verblüffend lange erlegen sind. Von allen ökonomischen Einwänden einmal abgesehen verletzte die Utopie der Regulierungsfreiheit eine anthropologische Konstante: Kleine und große menschliche Verbände können nur dann auf Dauer friedlich zusammenleben, wenn sie sich einem allseits akzeptierten Satz von verbindlichen Normen und institutionellen Regelungen unterwerfen. Das gilt für Ehepaare, Vereine, Parteien und ganze Nationen. Von dieser Einsicht waren die Utopisten der Selbstregulierung meilenweit entfernt.

Die Finanzmarktkrise seit 2008 hat diese Utopie von Grund auf diskreditiert. Die Marktakteure – ob Banken-, Hedgefonds- oder Unternehmensvorstände – zeigten sich außer Stande, diesem Absturz in zeitweilig chaotische Verhältnisse erfolgreich zu begegnen. Wieder einmal erwies sich der moderne Staat als mächtigste Potenz, die mit extrem kostspieligen Hilfs- und Steuerungsmaßnahmen die Krise entschärfen, wenn auch keineswegs überwinden konnte. Die im Lichte dieser Erfahrungen unvermeidbar wirkende effektive Regulierung der Finanzmärkte ist daher noch immer nicht zustande gekommen, da der Druck der Lobby bisher nicht überwunden werden konnte. So wurden zwar Hunderte von Milliarden in das marode Bankensystem und in die schwer angeschlagenen Unternehmen, wie etwa General Motors, gepumpt, ohne aber eine dauerhaft befriedigende Abhilfe zu schaffen.

Die durch toxische Wertpapiere angefeuerte Hochkonjunktur wurde, wie das üblicherweise in der Geschichte der wirtschaftlichen Wechsellagen der Fall ist, für ein Dauerphänomen gehalten, da im Denkhorizont der Handelnden die Krisengefahr erneut unterschätzt wurde. Wohl aber trieb der von utopischen Deregulierungsillusionen angetriebene Wirtschaftsverlauf die Vorstände und Aufsichtsräte zu einer vorbildlosen Einkommenssteigerung und Vermögensvermehrung. Die Gehälter der Topmanager erreichten nach einer vielhundertfachen Steigerung exotische Höhen, die durch bizarre Bonizahlungen und Aktienoptionen noch unterstützt wurden.

Die Bundesrepublik erlebte nicht den exzessiven Anstieg, wie ihn die amerikanische Wirtschaftselite vorantrieb, folgte ihr aber doch bis an die inzwischen erreichten Grenzen. Da diese jetzt die Drohung enthüllen, überschritten zu werden, wird die grundsätzliche Frage nach den Legitimationsgrundlagen der deutschen Marktgesellschaft und Demokratie aufgeworfen. Denn sie beruhten bisher auch darauf, dass das erwirtschaftete Sozialprodukt ohne eklatante Verletzung von Gerechtigkeitsnormen verteilt wurde. In einer solchen Krise der krassen Verletzung von Gerechtigkeitsvorstellungen befindet sich aber inzwischen auch die Bundesrepublik, und es ist nur dem hohen Wohlstandsniveau und der Effektivität der deutschen sozialstaatlichen Leistungen zu verdanken, dass sich die Verteilungskonflikte noch nicht schärfer zugespitzt haben.

Im Vergleich mit Amerika und England besitzt die Bundesrepublik in dieser Situation einen doppelten Vorzug. Zum einen ist die Leistungsfähigkeit ihres industriellen Unterbaus erhalten und nach ständig anhaltender Modernisierung die Grundlage ihrer erstaunlichen Exporterfolge geblieben. Zum anderen hat der deutsche Sozialstaat ein derart verfeinertes, fraglos auch kostspieliges Sicherheitsnetz aufgespannt, dass er die Folgen der industriellen Rezession und des finanzkapitalistischen Einbruchs noch immer abfangen kann. Diese realistische Konjunktur- und Sozialpolitik demonstriert, dass man auch mit gravierenden Krisen ungleich effektiver fertig werden kann, als das in den USA und Großbritannien gelungen ist. Die EURO- und EU-Krise wird freilich zu neuartigen Herausforderungen mit ungeahnter Tragweite führen. Erst an der Reaktion auf diese existentiell bedrohliche Konstellation wird sich die Reaktions- und Überlebensfähigkeit des deutschen Systems erweisen.

Wenn wir es in der Einkommens- und Vermögensbildung auch in Deutschland mit einer exzessiven Hierarchisierung zu tun haben, welche die obersten fünf Prozent der Sozialpyramide enorm begünstigt, während die Einkommen der Mittelklassen, erst recht der Unterschichten, stagnieren, taucht die Frage auf, wie die neuartigen Erscheinungsformen der Sozialen Ungleichheit zu bewerten und zu interpretieren sind. Der Appell an die Maxime der Sozialen Gerechtigkeit ist in letzter Zeit immer lauter erhoben worden. Seine Stoßkraft leidet jedoch unter dem Dilemma, dass es keine trennscharfen Kriterien für eine gerechtere Verteilung gibt. Parallel dazu wird das Postulat der Gleichheit beschworen. So sehr der Sozialstaat auch die Gleichheit der Lebenschancen verbessern, jedenfalls als Fernziel nicht aus dem Auge verlieren sollte, sind doch in jeder hochdifferenzierten westlichen Gesellschaft, wie sie auch die Bundesrepublik verkörpert, die funktionalen Unterschiede nicht aufhebbar, zumal sie durch die Unterschiede der Begabung, des Zufalls der begünstigenden Herkunft, der Leistungsfähigkeit, der Ausstattung mit sozialem und kulturellem Kapital vertieft werden.

Als realistische Politik kann daher nur die Abmilderung einer allzu krass ausgeprägten Hierarchie gelten. Denn auf die Mobilisierungsdynamik, welche die unverzichtbare gesellschaftliche Differenzierung vorantreibt und aufrechterhält, kann der pragmatisch klug handelnde Interventions- und Sozialstaat nicht verzichten. Das gilt auch für die von vielen Ungleichheitsdimensionen geprägte Gesellschaft der Bundesrepublik und die von ihr betriebene Politik.

Dank

Danken möchte ich an erster Stelle Wolfgang Beck, der die Idee zu diesem Buch hatte, sodann Detlef Felken, dem Cheflektor im Verlag C.H.Beck, der dieses Projekt mit seiner Sachkunde unterstützt hat. Für vielfachen ermunternden Beistand danke ich auch Ulrike Wegner im selben Verlag.

Jutta Karweger hat das Manuskript erstellt, ehe es mit den Höllenmaschinen des Computerzeitalters in den Verlag befördert wurde. Stefanie Steinmann, Stefan Herklotz und Olaf Kordwittenborg haben bei der technischen Vorbereitung und beim Korrekturlesen geholfen. Paul Nolte und Manfred Hettling haben mir alle wichtigen Anregungen vermittelt. Ihnen, wie schon so oft in den letzten dreißig Jahren, sei noch einmal gedankt.

Der Text beruht auf einer langwährenden Beschäftigung mit den Problemen der Sozialen Ungleichheit. Manchmal habe ich auf Fragestellungen und Formulierungen im fünften Band meiner «Deutschen Gesellschaftsgeschichte» zurückgegriffen, da ich über den dort erreichten Stand inzwischen nicht hinweggekommen bin. – Die Titel in den Literaturübersichten sind chronologisch angeordnet, um die Intensivierung der Debatte zu vermitteln. Der Henkel-Stiftung möchte ich erneut für die Finanzierung von studentischen Hilfskräften danken, welche die technische Vorbereitung des Buches erleichtert haben.

Anmerkungen

1 H.-U. Wehler, Soziale Stratifikation u. Stratifikationstheorien, in: ders., Umbruch u. Kontinuität, München 2000, 185–214. – Wichtige Literatur zur Sozialen Ungleichheit insbesondere in Deutschland: R. Geißler, Die Sozialstruktur Deutschlands, Wiesbaden 2011[6]; S. Hradil, Soziale Ungleichheit in Deutschland, ebd. 2005[8]; ders., Die Sozialstruktur Deutschlands im internationalen Vergleich, ebd. 2006[2]; B. Schäfers, Sozialstruktur u. sozialer Wandel in Deutschland, Stuttgart 2004[8]; M. Vester u. a., Soziale Milieus im gesellschaftlichen Strukturwandel, Frankfurt 2001[2]; J. Huinink u. T. Schröder, Sozialstruktur Deutschlands, Konstanz 2008; S. Mau u. R. Verwiebe, Die Sozialstruktur Europas, Stuttgart 2009; R. Kreckel, Politische Soziologie der Sozialen Ungleichheit, Frankfurt 1992; N. Burzan, Soziale Ungleichheit, Wiesbaden 2004; U. Beck, Die Neuvermessung der Ungleichheit unter den Menschen, Frankfurt 2008; P.A. Berger, Klassenstruktur u. soziale Schichtung, in: H. Joas Hg., Lehrbuch der Soziologie, ebd. 2001, 223–43; D. Brock, Soziale Ungleichheiten. Klassen u. Schichten, in: B. Schäfers u. W. Zapf Hg., Handwörterbuch zur Gesellschaft Deutschlands, Opladen 2001[2], 608–22; J.A. Schumpeter, Die sozialen Klassen im ethnisch homogenen Milieu, in: ders., Aufsätze zur Soziologie, Tübingen 1953, 147–213; M.R. Lepsius, Soziale Ungleichheit u. Klassenstrukturen in der Bundesrepublik Deutschland, in: H.-U. Wehler Hg., Klassen in der europäischen Sozialgeschichte, Göttingen 1979, 166–209; H. Strasser u. J.H. Goldthorpe, Die Analyse sozialer Ungleichheit, Opladen 1985; M. Haller, Sozialstruktur u. Schichtungshierarchie im Wohlfahrtsstaat, in: Zeitschrift für Soziologie 15. 1986,

167–87; A. Rutter, Elites, Estates, and Strata: Class in West Germany Since 1945, in: A. Marwick Hg., Class in the 20th Century, N. Y. 1986, 115–64; B. Giesen u. H. Haferkamp Hg., Soziologie der sozialen Ungleichheit, Opladen 1987; B. Giesen u. W. Müller, Soziale Ungleichheit, in: K. Hörning Hg., Soziale Ungleichheit, Darmstadt 1976, 108–34; G. Berger, Klasse, in: G. Endruweit u. G. Trommsdorff Hg., Wörterbuch der Soziologie, Stuttgart 1989, S. 326; V.-M. Bader u. A. Benschop, Ungleichheiten, Opladen 1989; B. Schäfers, Soziale Ungleichheit, in: M. Opielka u. I. Ostner Hg., Umbau des Sozialstaats, Essen 1987, 83–95; K. Eder, Gleichheitsdiskurs u. soziale Ungleichheit, in: H. Haferkamp Hg., Sozialstruktur u. Kultur, Frankfurt 1990, 177–208; D. Krause, Soziale Ungleichheit, in: W. Fuchs-Heinritz u.a. Hg., Lexikon zur Soziologie, Opladen 1994³, 697 f.; D.B. Grusky Hg., Social Stratification, Boulder 1992; R. Breen u. D.B. Rottman, Class Stratification, New York 1995; A. Sørensen, The Structural Basis of Social Inequality, in: American Journal of Sociology 101. 1996, 1333–65; C. Gellert, Das Ende der Klassengesellschaft? in: Leviathan 24. 1996, 573–86; W. Müller Hg., Soziale Ungleichheit, Opladen 1997; P. Nolte, Die Ordnung der deutschen Gesellschaft. Selbstentwurf u. Selbstbeschreibung im 20. Jh., München 2000; H. Strasser u.a., Die Restrukturierung der Klassengesellschaft, in: Berliner Journal für Soziologie 10. 2000, 79–98; A. Giddens, Die Frage der sozialen Ungleichheit, Frankfurt 2001; ders., Die Klassenstruktur fortgeschrittener Gesellschaften, ebd. 1984; F. Thieme, Kaste, Stand, Klasse, in: H. Korte u. B. Schäfers Hg., Einführung in die Hauptbegriffe der Soziologie, Opladen 2002⁶, 183–204; C. Benninghaus u.a., Social Structure in the 20th Century, in: S. Ogilvie u. R. Overy Hg., Germany – A New Social and Economic History III, London 2003, 279–319; H.-P. Müller u. M. Schmid Hg., Hauptwerke der Ungleichheitsforschung, Wiesbaden 2003; H. Meulemann, Sozialstruktur, soziale Ungleichheit u. die Bewertung der ungleichen Verteilung von Ressourcen, in: P.A. Berger u. V.H. Schmidt Hg., Welche Gleichheit, welche Ungleichheit? ebd. 2004, 115–36;

T. Welskopp, Der Wandel der Arbeitsgesellschaft als Thema der Kulturwissenschaften – Klassen, Professionen u. Eliten, in: F. Jaeger u. J. Rüsen Hg., Handbuch der Kulturwissenschaften III, Stuttgart 2004, 225–46; M. Vester, Soziale Ungleichheit. Klassen u. Kultur, in: ebd., 318–40; T. Klein, Sozialstrukturanalyse, Reinbek 2005; K.-S. Rehberg Hg., Soziale Ungleichheit – kulturelle Unterschiede, Frankfurt 2006; M. Haller, Theorien sozialer Ungleichheit im nationalen u. im europäischen Kontext, in: M. Heidenreich Hg., Die Europäisierung sozialer Ungleichheit, ebd. 2006, 187–229; Y. Shavit u.a., The Persistence of Persistent Inequality, in: S. Scherer u.a. Hg., From Origin to Destination, ebd. 2007, 37–57; J. Berger, Soziale Ungleichheit in Marktwirtschaften, in: M. Bayer u.a. Hg., Transnationale Ungleichheitsforschung, ebd. 2008, 245–82; ders., «Über den Ursprung der Ungleichheit unter den Menschen». Zur Vergangenheit u. Gegenwart einer soziologischen Schlüsselfrage, in: Zeitschrift für Soziologie 33. 2004, 354–74; P. Sachweh, Deutungsmuster sozialer Ungleichheit, Frankfurt 2010. Vergleiche auch noch: C. Butterwegge, Armut in einem reichen Land, ebd. 2012; K. Hartmann, Wir müssen leider draußen bleiben. Die neue Armut in der Konsumgesellschaft, München 2012; J. Stiglitz, Der Preis der Ungleichheit, ebd. 2012; W. Wüllenweber, Die Asozialen. Wie Ober- u. Unterschicht unser Land ruinieren, ebd. 2012; P. H. Diamandis u. S. Kotler, Überfluss, Kulmbach 2012.

2 H. Stuke, Bedeutung u. Problematik des Klassenbegriffs, in: U. Engelhardt u.a. Hg., Soziale Bewegung u. politische Verfassung, Stuttgart 1976, 46–82; ders; Sozialgeschichte, Begriffsgeschichte, Ideengeschichte, ebd. 1979, 167–202.

3 D. Blasius, Gesellschaftsgeschichte u. Gesellschaftswissenschaften bei L. v. Stein, in: Archiv für Rechts- u. Sozialphilosophie 57. 1971, 261–93; ders., L. v. Stein, in: H.-U. Wehler Hg., Deutsche Historiker I, Göttingen 1971, 25–38.

4 Anstatt auf die vielfältige Produktion der Weber-Industrie hinzuweisen, folgt die wichtigste, meist von Weber inspirierte Literatur zu Macht und Herrschaft: R. Dahrendorf,

Macht u. Herrschaft soziologisch, in: Religion in Geschichte u. Gegenwart 4. 1960, 569–72; ders., Herrschaft u. Ungleichheit, in: ders., Pfade aus Utopia, München 1968, 314– 79; ders., Herrschaft, Klassenverhältnis u. Schichtung, in: T.W. Adorno Hg., Spätkapitalismus oder Industriegesellschaft? Stuttgart 1969, 88–99; G. Lenski, Macht u. Privileg, Frankfurt 1973; E.K. Scheuch, Soziologie der Macht, in: H.K. Schneider u. C. Watrin Hg., Macht u. ökonomisches Gesetz, Berlin 1973, 989–1047; N. Luhmann, Macht, Stuttgart, 1975; ders., Macht im System, Berlin 2012[2]; J.S. Coleman, Macht u. Gesellschaftsstruktur, Tübingen 1979; W. Wesolowski, Classes, Strata and Power, London 1979; S. Hradil, Die Erforschung der Macht, Stuttgart 1980; M. Kopp u. H.-P. Müller, Herrschaft u. Legitimität in modernen Industriegesellschaften, München 1980; V. Burkolter-Trachsel, Zur Theorie sozialer Macht, Stuttgart 1981; T. Burger, Stratification and Power, in: V. Murvar Hg., Theory of Liberty, Legitimacy and Power, London 1985, 11–39; H. Popitz, Phänomene der Macht: Autorität – Herrschaft – Gewalt, Tübingen 1986; J.K. Galbraith, Anatomie der Macht, München 1987; C. Brennan, M. Weber on Power and Social Stratification, Aldershot 1997; P. Imbusch, Macht u. Herrschaft in der Diskussion, in: ders., Macht u. Herrschaft, Opladen 1998, 9–26; K. Eder, Klasse, Macht u. Kultur, in: A. Weiss u.a. Hg., Klasse u. Klassifikation, Wiesbaden 2001, 27–60; C. Offe, Die vielen Gesichter der Macht, Frankfurt 2003; ders., Politische Herrschaft u. Klassenstrukturen, in: G. Kress u. D. Senghaas Hg., Politikwissenschaft, ebd. 1969, 155–89; u. in: ders., Herausforderungen der Demokratie, ebd. 2003, 11–41; J. Rössel, Macht als zentrale Dimension der Sozialstrukturanalyse, in: Berger u. Schmidt Hg., Welche Gleichheit, 221–40.

5 H.-U. Wehler, Die Herausforderung der Kulturgeschichte, München 1998.

6 K. Hausen, Geschlechtergeschichte als Gesellschaftsgeschichte, Göttingen 2012.

7 H.-U. Wehler, P. Bourdieu, in: ders., Herausforderung, 15–44.

8 D. B. Grusky u. S. Szelényi, The Rise and Fall of Beningn
   Narratives About Inequalitiy, in: dies. Hg., The Inequality
   Reader, Boulder 2007, 1–13: T.A. DiPrete, What Has Sociology to Contribute to the Study of Inequality Trends? in:
   American Behavioral Scientist 50. 2007, 601–18; J. Myles,
   Where have All the Sociologists Gone? Explaining Economic Inequality, in: Canadian Journal of Sociology 28.
   2003, 551–59; K. Borchardt, Einkommensverteilung in
   historischer Perspektive. Einleitung, in: VSWG 91 2004,
   478–80; C. Weins, Die Entwicklung der Lohnungleichheit
   in Deutschland u. den USA zwischen 1980 u. 2000, in: P.
   Windolf Hg., Finanzmarkt-Kapitalismus, Wiesbaden
   2005, 484–503; M. Groß, Markt oder Schließung? Zu den
   Ursachen der Steigerung der Einkommensungleichheit,
   in: Berliner Journal für Soziologie 19. 2009, 499–530; H.
   Kaelble, Der Wandel der Einkommensverteilung während
   der zweiten Hälfte des 20. Jh.. in: S. Ryall u. A. Yenal
   Hg., Politik und Ökonomie, Marburg 2000, 227–42; P.
   Gottschalk u. T. M. Smeeding, Empirical Evidence on Income Inequality in Industrialized Countries, in: A. B. Atkinson u. F. J. Bourguignon Hg., Handbook of Income
   Distribution, Amsterdam 2000, 261–308. – Als Überblick
   über die internationale, vor allem die amerikanische Un-
   gleichheitsdiskussion: A.B. Atkinson, On the Measurement of Inequality, in: Journal of Economic Theory 2.
   1970, 244–63; A. Sen, Ökonomische Ungleichheit, Frankfurt 2009[2]; P. Dasgupta u. a., Notes on the Measurement of
   Inequality, in: Journal of Economic Theory 6. 1973, 180–
   87; F. Kraus, The Historical Development of Income Inequality in Western Europe and the United States, in: P.
   Flora u. A.J. Heidenheimer Hg., The Development of
   Welfare States in Europe and America, Brunswick 1981,
   187–236; M. Granovetter, Toward a Sociological Theory
   of Income Differences, in: I.E. Berg Hg., Sociological Perspectives on Labor Markets, N.Y. 1981, 11–47; A.B. Atkinson, The Economics of Inequality, Oxford 1983; M.
   Haller, Positional and Sectoral Differences in Income, in:
   W. Teckenberg Hg., Comparative Studies of Social Structure, Armonk 1987, 172–90; A.B. Atkinson, Poverty in

Europe, Oxford 1998; G. Hoover, Intranational Inequali-
ty, in: Social Forces 67. 1989, 1008–26; Y.S. Brenner u.a.,
Income Distribution in Historical Perspective, Cambridge
1991; M. Morris u.a. Hg., Economic Inequality, in: Amer-
ican Sociological Review 59. 1994, 205–19; R., Freeman u.
L.F. Katz, Differences and Changes in Wage Structures,
Chicago 1995; F. Levy u. R.J. Murnane, U.S. Earnings
Levels and Earnings Inequality, in: Journal of Economic
Literature 30. 1992, 1333–81; S.E. Shanahan u. N.B. Tuma,
The Sociology of Distribution and Redistribution, in: N.J.
Smelser u. R. Swedberg Hg., The Handbook of Economic
Sociology, Princeton 1994, 733–65; G. Burtless, Interna-
tional Trade and the Rise in Earnings Inequality, in: Jour-
nal of Economic Literature 33. 1995, 800–16; F. Nielsen u.
A.S. Alderson, Income Inequality, in: American Sociolo-
gical Review 60. 1995, 674–701. A.B. Atkinson, Seeking to
Explain the Distribution of Income, in: J. Hills Hg., New
Inequalities, Cambridge 1996, 19–48; T.A. DiPrete u. P.A.
McManus, Education, Earnings Gain, and Earnings Loss
in Loosely and Tightly Structured Labor Markets: A
Comparison Between the United States and Germany, in:
A.A. Kerckhoff Hg., Generating Social Stratification,
Boulder 1996, 201–21; F.D. Blau u. L.M. Kahn, Interna-
tional Differences in Male Wage Inequality, in: Journal of
Political Economy 104. 1996, 791–837; P. Gottschalk u.a.,
What's Behind the Increase in Inequality? in: ders. u.a.
Hg. , Changing Patterns in the Distribution of Economic
Welfare, Cambridge 1997, 1–11; ders. u.a., Policy Changes
and Growing Earnings Inequality in the US and Six Other
OECD Countries, in: ebd., 12–35; ders., Cross National
Comparisons of Levels and Trends in Inequality, in: Jour-
nal of Economic Literature 35. 1997, 633–87; ders. u. M.
Joyce, Cross-National Differences in the Rise in Earnings
Inequality, in: Review of Economics and Statistics 80.
1998, 489–502; F. Welch, In Defense of Inequality, in:
American Economic Review 89. 1999, 1–17; M. Morris u.
B. Western, Inequality in Earnings at the Close of the 20th
Century, in: Annual Review of Sociology 25. 1999, 623–
57; L. Katz u. D.H. Autor, Changes in the Wage Structure

and Earnings Inequality, in: O. Ashenfelter u. D. Card
Hg., Handbook of Labor Economics III, 1463–1555; At-
kinson u. Bourguignon, Handbook of Labor Economics
III; J. Davies u. A. Shorroks, The Distribution of Wealth,
in: Atkinson u. Bourguignon, Handbook, 605–75; A.S.
Alderson u. F. Nielsen, Income Inequality, in: American
Sociological Review 64. 1999, 606–31; P. Aghion u.a., In-
equality and Economic Growth, in: Journal of Economic
Literature 37. 1999, 1615–1660; T.M. Smeeding, Changing
Income Inequality in OECD Countries, in: R. Hauser u.
I. Becker, The Personal Distribution of Income in an In-
ternational Perspective, Berlin 2000, 205–25; A.B. Atkinson, The Changing Distribution of Income, in: German
Economic Review 1. 2000, 3–18; C. Morrison, Historical
Perspectives on Income Distribution: The Case of Europe, in: Atkinson u. Bourguignon, Handbook, 217–60; P.
Kingston u.a., Inequality, in: Y. Lemel u. H.-H. Noll Hg.,
Changing Structures of Inequality, Montreal 2002, 369–
428; B. Goesling, Changing Income Inequalities Within
and Between Nations, in: American Sociological Review
66. 2001, 745–61; M. Förster u. M. Pearson, Income Distribution and Poverty in the OECD Area, in: OECD-
Economic Studies 34. 2002, 7–39; K. O'Rourke, Globalization and Inequality, in: Außenwirtschaft 57. 2002, 65–
101; A.S. Alderson u. F. Nielsen, Globalization and the
Great U-Turn: Income Inequality Trends in 16 OECD
Countries, in: American Journal of Sociology 107. 2002,
1244–99; A.S. Alderson u. F. Nielsen, Globalisierung u.
die große Kehrtwende: Entwicklung der Einkommensungleichheit in 16 OECD Staaten, in: W. Müller u. S. Scherer
Hg., Mehr Risiken – Mehr Ungleichheit, Frankfurt 2003,
323–61; T. A. Piketty u. E. Saez, Income Inequality in the
United States, 1913–98, in: Quarterly Journal of Economics 118. 2003, 1–39; K. Philipps, Die amerikanische
Geldaristokratie, Frankfurt 2003; D. Acemoglu, Cross –
Country Inequality Trends, in: Economic Journal 113.
2003, F 121–F149; A.B. Atkinson, Income Inequality in
OECD Countries, in: CES-info Economic Studies 49.
2004, 479–513; G. Esping-Andersen, Inequality of In-

comes and Opportunities, in: A. Giddens Hg., The New Egalitarianism, Cambridge 2005, 8–38; J. Pontusson, Inequality and Prosperity : Social Europe vs. Liberal America, Ithaca, N. Y. 2005; A.S. Alderson u.a., How Has Income Inequality Changed? in: International Journal of Comparative Sociology 46. 2005, 405–23, K. Weeden u.a., Social Class and Earnings Inequality, in: American Behavioral Scientist 50. 2007, 702–36; G. Esping-Anderson, Sociological Explanations of Changing Income Distributions, in: American Behavioral Scientist 50. 2007, 639–58; B. Weinstein, Developing Inequality, in: AHR 113. 2008, 1–18; A.B. Atkinson, The Changing Distribution of Earnings in OECD Countries, Oxford 2008; OECD Hg., Mehr Ungleichheit trotz Wachstum? Einkommensverteilung u. Armut in OECD-Ländern, OECD Jan. 2009.

9 A. B. Krueger, The Rise and Consequences of Inequality in the US, Washington D.C. 2011; Krugman zitiert nach: J. Bergmann, Die Reichen werden reicher – auch in Deutschland, in: Leviathan 32. 2004, 185. Vgl. H.-J. Krysmanski, 0,1 %. Das Imperium der Milliardäre, Frankfurt 2012; T. Frank, Arme Milliardäre, München 2012; A.B. Atkinson, Top Incomes in the Long Run in History, in: Journal of Economic History 49. 2011, 3–71; ders. u. T. Piketty Hg., Top Incomes. A Global Perspective, Oxford 2010; dies., Top Incomes Over the 20th Century. A Contrast Between Continental European and English-Speaking Countries, ebd. 2007; A. Hacker, We're More Unequal Than You Think, in: N.Y. Review of Books 23.3.2012, 11/1–11.

10 Bergmann, Die Reichen, 197.

11 Berger u. Schmidt, Welche Gleichheit, 10; J. Berger, Nimmt die Einkommensungleichheit weltweit zu? in: Leviathan 33. 2005, 464–81. – Als Überblick über die Literatur zur deutschen Einkommensungleichheit: M. Schnitzer, Income Distribution : a Comparative Study of the United States, Sweden, West Germany, East Germany, the United Kingdom, and Japan, New York 1974; H. Adam, Die Einkommensverteilung in der Bundesrepublik, Köln 1976; E. Ballerstedt u. E. Wiegand, Einkommensverände-

rung u. Versorgung, in: W. Zapf Hg., Lebensbedingungen in der Bundesrepublik, Frankfurt 1978², 464–574; G. Schmauss, Personelle Einkommensverteilung im Vergleich 1962/1969, in: H.J. Krupp u. W. Glatzer Hg., Umverteilung im Sozialstaat, ebd. 1978, 31–112; K.-D. Bedau u. a., Die Einkommenslage der Familien in der Bundesrepublik Deutschland 1973 u. 1981, Berlin 1987; J. Bretschneider, Handbuch einkommens-, vermögens- u. sozialpolitischer Daten, Köln 1988; W. Glatzer, Die materiellen Lebensbedingungen in der Bundesrepublik, in: W. Weidenfeld u. H. Zimmermann Hg., Deutschland-Handbuch, Bonn 1989, 276–91; W. Glatzer u.a., Recent Social Trends in West Germany 1960–1990, Frankfurt 1992; R. Hauser u. U. Neumann, Armut in der Bundesrepublik, in: Kölner Zeitschrift für Soziologie/Sonderheft 32 1992, 237–71; R. Hohls, Arbeit u. Verdienst: Entwicklung und Struktur der Arbeitseinkommen im Deutschen Reich u. in der Bundesrepublik 1885 – 1985, Diss. FU Berlin 1992; R. Berntsen, Dynamik in der Einkommensverteilung privater Haushalte, Frankfurt 1992; I. Becker u. R. Hauser, Die Entwicklung der Einkommensverteilung in der Bundesrepublik in den 70er u. 80er Jahren, in: Konjunkturpolitik 41/4. 1995, 308–44; K.G. Abraham u. S.N. Houseman, Earnings Inequality in Germany, in: R.B. Freeman u. L.F. Katz Hg., Differences and Changes in Wage Structures, Chicago 1995, 371–403; T. Pierenkemper, Einkommens- u. Vermögensverteilung, in: G. Ambrosius u.a. Hg., Moderne Wirtschaftsgeschichte, München 1996, 265–87; I. Becker, Die Entwicklung von Einkommensverteilung u. Einkommensarmut in den alten Bundesländern von 1962 bis 1988, in: dies. u. R. Hauser, Einkommensverteilung u. Armut, Frankfurt 1997; R. Hauser, Globalisierung u. personelle Einkommensverteilung, in: W. Fricke Hg., Jahrbuch Arbeit u. Technik, Bonn 1997, 72–84; R. Hauser u. I. Becker, The Development of Income Distribution in the Federal Republic of Germany During the 1970s and 1980s, in: P. Gottschalk u.a. Hg., Changing Patterns in the Distribution of Economic Welfare, Cambridge 1997, 184–219; P. Krause u. G. Wagner, Einkommens-Reichtum u. Einkommens-Armut in Deutschland, in: E.-U. Huster Hg., Reichtum in Deutschland, Frankfurt 1997², 65–88; R. Hauser, Einkommen u. Vermögen, in: Schäfers u. Zapf, Handwörterbuch zur Gesellschaft Deutschlands, 154–66; R. Hauser u. I. Becker, Die langfristige Entwicklung der personellen Einkommensverteilung in der Bundesrepublik, in: H.P. Galler u. G. Wagner Hg., Empirische Forschung u. wirtschaftspolitische Beratung, Frankfurt 1998, 119–34; S. Weick, Einkommensungleichheit, in: M. Braun u. P.P. Mohler Hg., Blickpunkt Gesellschaft 4: Soziale Ungleichheit in Deutschland, Opladen 1998, 13–41; I. Becker, Die Verteilungsentwicklung in den 80er u. 90er Jahren., in: WSI-Mitteilungen 52/3. 1999, 205–24; W. Zapf u. R. Habich, Die Wohlfahrtsentwicklung in der Bundesrepublik Deutschland 1949 – 1999, in: M. Kaase u. G. Schmid Hg., Eine lernende Demokratie: 50 Jahre Bundesrepublik Deutschland, Berlin 1999, 285–314; R. Hauser, Wird unsere Einkommensverteilung immer ungleicher? in: D. Döring Hg., Sozialstaat in der Globalisierung, Frankfurt 1999, 88–116; Kaelble, Wandel der Einkommensverteilung, 227–42; Hauser u. Becker, The Personal Distribution of Income; V. Steiner u. T. Hölzle, The Development of Wages in Germany in the 1990s, in: Hauser u. Becker, The Personal Distribution of Income, 7–30; dies., Zur Verteilungsentwicklung in Deutschland, in: J. Stadlinger Hg., Reichtum heute, Münster 2001, 43–67; M. Münnich, Einkommens- u. Geldvermögensverteilung privater Haushalte in Deutschland, Teil 2: Ergebnis der Einkommens- u. Verbrauchsstichprobe 1998, in: Wirtschaft u. Statistik 2001, 121–137; W. Glatzer u. R. Hauser, The Distribution of Incomes, in: Lemel u. Noll, Changing Structures of Inequality, 187–217; R. Hauser u. G. Wagner, Die personelle Einkommensverteilung, in: K.F. Zimmermann Hg., Neue Entwicklungen in der Wirtschaftswissenschaft, Heidelberg 2002, 371–438; R. Hauser u. G. Wagner, Economics of the Personal Distribution of Income, in: K.F. Zimmermann Hg., Frontiers in Economics, ebd. 2002, 311–70; R. Hauser, Die Entwicklung der Einkommens- u. Vermögensverteilung in Deutschland, in: Informationen zur

Raumentwicklung 3–4. 2003, 111–23; I. Becker u.a., A Comparison of the Main Household Income Surveys for Germany: EVS und SOEP, in: R. Hauser u. I. Becker Hg., Reporting on Income Distribution and Poverty: Perspectives From a German and a European Point of View, Berlin 2003, 55–90; I. Becker u. R. Hauser, Anatomie der Einkommensverteilung: Ergebnisse der Einkommens- u. Verbrauchsstichproben 1969–1998, Berlin 2003; Hauser u. Becker, Reporting on Income Distribution; Borchardt, Einleitung, in: VSWG 91 2004, 478–80; J. Merz, Einkommens-Reichtum in Deutschland. Mikroanalytische Ergebnisse der Einkommensteuerstatistik, in: Perspektiven der Wirtschaftspolitik 5. 2004, 105–26; R. Hauser, The Personal Distribution of Economic Welfare in Germany, in: Social Indicators Research 65. 2004, 1–25; F. Dell, Top Incomes in Germany and Switzerland Over the Twentieth Century, in: Journal of the European Economic Association 2005, 412–21; C. Weins, Die Entwicklung der Lohnungleichheit in Deutschland u. den USA 1980–2000, in: Windolf Hg., Finanzmarkt-Kapitalismus, 484–503; Bergmann, Die Reichen, 185–202; S. Deckl, Indikatoren u. Einkommensverteilung in Deutschland 2003, in: Wirtschaft u. Statistik 11. 2006, 1178–86; R. Hauser, Vergleichende Analyse der Einkommensverteilung u. Einkommensarmut in den alten u. neuen Bundesländern 1990–1995, in: I. Becker u. ders. Hg., Einkommensverteilung u. Armut: Deutschland auf dem Weg zur Vierfünftel-Gesellschaft? Frankfurt 1997, 63–82; F. Dell, Top Incomes in Germany Throughout the 20th Century 1898–1998, in: A.B. Atkinson u. T. A. Piketty, Hg., Top Incomes Over the 20th Century, Oxford 2007, 365–425; J. Gernandt u. F. Pfeiffer, Rising Wage Inequality in Germany, SOEP Papers DiW 14. April 2007, J. Giesecke u. R. Verwiebe, Die Zunahme der Lohnungleichheit in der Bundesrepublik 1998–2005, in: Zeitschrift für Soziologie 37. 2008, 403–22; dies., The Changing Wage Distribution in Germany Between 1985 and 2006, in: Schmollers Jahrbuch 129. 2009, 191–201; dies., Wachsende Lohnungleichheit in Deutschland, in: Berliner Journal für Soziologie 19. 2009, 531–56; Groß,

Markt oder Schließung? 499–530; E. Niejahr, u. K. Rudzio, Die andere soziale Kluft, in: Die Zeit 22.1.2009.

12 Geißler, Sozialstruktur Deutschlands, 322–64; W. Glatzer, Die materiellen Lebensbedingungen in der Bundesrepublik, in: Weidenfeld u. Zimmermann, Deutschland-Handbuch, 276.

13 Glatzer u.a., Recent Social Trends in West Germany; S. Hradil, Zur Sozialstrukturentwicklung der 90er Jahre, in: W. Süss Hg., Deutschland in den 90er Jahren, Opladen 2002, 237; ders., Soziale Ungleichheit in Deutschland, 21; Haller, Positional and Sectoral Differences in Income; G. Schulze, Soziologie des Wohlstands, in: Huster, Reichtum, 201.

14 Hauser u. Becker, Die langfristige Entwicklung der personellen Einkommensverteilung in der Bundesrepublik, 124; Klein, Sozialstrukturanalyse, 342.

15 Merz, Einkommens-Reichtum, 105–26 (die Ergebnisse auch in: Bundesregierung Hg., Lebenslagen in Deutschland. Der 1. Armuts- und Reichtumsbericht der Bundesregierung, Berlin 2001); Bergmann, Die Reichen 188; R. Geißler, Sozialstruktur u. gesellschaftlicher Wandel, in: K.-R. Korte u. W. Weidenfeld Hg., Deutschland Trendbuch, Opladen 2001, 102. Verdienst in den NS-Jahren: Dell, Top Incomes in Germany Throughout the 20th Century, 412, 417.

16 Schäfers, Sozialstruktur, 247.

17 M. Hartmann, Der Mythos von den Leistungseliten, Frankfurt 2002, 172–197; Geißler, Sozialstruktur, 98; J. Faik u. H. Schlomann, Die Entwicklung der Vermögensverteilung in Deutschland, in: Huster, Reichtum, 92–103; Berger, Klassenstruktur u. soziale Schichtung, 222; Huster, Reichtum, 83,95; M. Miegel, Die deformierte Gesellschaft, München 2002, 162; Niejahr u. Rudzio, Die andere soziale Kluft; Der Spiegel 27.2.2012; Mau u. Verwiebe, Sozialstruktur Europas, 178–202; R. Hauser u. H. Stein, Die Vermögensverteilung im vereinigten Deutschland, Frankfurt 2001, 36. – Zur Übereinstimmung im Urteil über die stabile Hierarchie der Einkommensverteilung: Becker u. Hauser, Anatomie, 97; dies., Einkommensverteilung, 124;

dies., Development, 202; dies., Langfristige Entwicklung, 126; R. Hanser u. a., Große Vermögen, kleine Vermögen u. überhaupt kein Vermögen, in Gegenwartskunde 48.1999, 408 f.; I. Becker, Die Entwicklung von Einkommensverteilung und Einkommensarmut in den alten Bundesländern von 1962–1988, in: dies. u. Hauser, Einkommensverteilung u. Armut, 43–61; dies., Die Entwicklung der Einkommensverteilung in der Bundesrepublik in den 70er u. 80er Jahren; Becker, Verteilungsentwicklung in den 80er u. 90er Jahren; Glatzer, Trends, 204; Hauser, Einkommen u. Vermögen; ders., Die Entwicklung der Einkommens- u. Vermögensverteilung in Deutschland; ders., Globalisierung u. personelle Einkommensverteilung; Hradil, Soziale Ungleichheit, 219, 223; ders., Neue soziale Ungleichheit, 471; Huinink u. Schröder, Sozialstruktur Deutschlands, 121; Kaelble, Wandel, 227–42; Klein, Sozialstrukturanalyse, 342. Seit der Mitte der 80er Jahre stimmen mithin die besten Sachkenner in den entscheidenden Punkten überein, z.B. zur Konzentration im 1. Quintil (40,2%) und im 1. Dezil (22,2%). – Der Hinweis auf die OECD-Studie: D. Kowitz, Arme sterben früher, in: Die Zeit 12.7.2012, 25, vgl. 22.

18 W. Krelle, Überbetriebliche Ertragsbeteiligung der Arbeitnehmer, 2 Bde., Tübingen 1968; ders., Wirtschaftswachstum u. Vermögensverteilung, in: Kirchenamt der Evangelischen Kirche in Deutschland u. Sekretariat der Deutschen Bischofskonferenz Hg., Beteiligung am Produktiveigentum, Hannover 1993, 33–56; W. Abelshauser, Deutsche Wirtschaftsgeschichte seit 1945, München 2004, 348, 350–52,359. – Zur mageren deutschen Literatur zur Vermögensungleichheit: O. de LaChevallerie, Die Verteilung des Vermögenszuwachses in der Bundesrepublik Deutschland seit 1950, Berlin 1968; Krelle, Ertragsbeteiligung; J. Siebke, Die Vermögensbildung der privaten Haushalte in der Bundesrepublik Deutschland, Bonn 1971; H. Mierheim u. L. Wicke, Die personelle Vermögensverteilung in der Bundesrepublik Deutschland, Tübingen 1978; R. Hornung-Draus, Das Vermögen der privaten Haushalte in der Bundesrepublik Deutschland, in: Jahrbücher für Nationalöko-

nomie u. Statistik 206. 1989, 18–47; Schulze, Soziologie des Wohlstands, 182–206; Faik u. Schlomann, Die Entwicklung der Vermögensverteilung in Deutschland, 89–126; Huster, Enttabuisierung der sozialen Distanz in Deutschland, in: ebd., 7–31; K.-D. Bedau, Auswertung von Statistiken über Vermögensverteilung in Deutschland, Berlin 1998; Hauser u.a., Große Vermögen, 405–19; H. Schlomann u. H. Stein, Die Vermögensverteilung in West- u. Ostdeutschland unter Berücksichtigung von Alters-, Kohorten- u. Bildungseinflüssen, in: I. Becker u.a. Hg., Soziale Sicherung in einer dynamischen Gesellschaft, Frankfurt 2001, 563–82; I. Becker, Einkommens- u. Vermögensverteilung in Deutschland: Ein Bild mit unscharfen Konturen, in: U. Andersen Hg., Einkommens- u. Vermögensverteilung in Deutschland – skandalös oder gerechtfertigt? Schwalbach 2002, 19–39; R. Schüssler u. C. Funk, Vermögensbildung u. Vermögensverteilung, Düsseldorf 2002; I. Becker, Die Reichen u. ihr Reichtum, in: S. Hradil u. P. Imbusch Hg., Oberschichten – Eliten – Herrschende Klassen, Opladen 2003, 73–97; U. Beck, Große Armut, großer Reichtum: Zur Transnationalisierung sozialer Ungleichheit, Berlin 2010.

19 R. Braun u.a., Erben in Deutschland, Köln 2002, 3, 5f., 19,125; J. Beckert, Unverdientes Vermögen. Soziologie des Erbrechts, Frankfurt 2004; 1. Armutsbericht, 65f.; M. Szydlik, Erben in der Bundesrepublik Deutschland. Zum Verhältnis von familialer Solidarität u. sozialer Ungleichheit, in: Kölner Zeitschrift für Soziologie 51.1999, 80–103; K. Rudzio, Wie viel Erbe ist gerecht? In: Die Zeit 19.07.2012.

20 Bergmann, Die Reichen, 185, dort zit. Krugman; Krueger, Rise; Philipps, Geldaristokratie.

21 Bergmann, Die Reichen, 197. Zu den «Betriebsrenten»: Der SPIEGEL 23.04.12, 70, 72; dort auch zur «Schutzvereinigung»; N. Lammert, in: Süddeutsche Zeitung 17.7.2012, 16.

22 Hartmann, Mythos der Leistungselite; ders., Eliten u. das Feld der Macht, in: C. Colliot-Thélène u.a. Hg., Pierre Bourdieu: Deutsch-französische Perspektiven, Frankfurt

2005, 255–75; ders., Elitenselektion durch Bildung der Herkunft? in: Kölner Zeitschrift für Soziologie 53.2001, 436–66; ders., Elitensoziologie, Frankfurt 2004; ders., Soziale Homogenität u. generationelle Muster der deutschen Wirtschaftselite seit 1945, in: V. R. Berghahn u. a. Hg., Die deutsche Wirtschaftselite im 20. Jh., Essen 2003, 31–50; ders., Leistung oder Habitus? in: U. Bittlingsmayer u. a. Hg., Theorie als Kampf? Opladen 2002, 361–77; ders., Kontinuität oder Wandel? Die deutsche Wirtschaftselite zwischen 1970 und 1995, in: D. Ziegler Hg., Großbürger u. Unternehmer, Göttingen 2000, 73–92; ders., Class-specific Habitus and the Social Reproduction of the Business Elite in Germany and France, in: Sociological Review 48.2000, 241–61; ders., Soziale Öffnung oder soziale Schließung? Die deutsche u. die französische Wirtschaftselite zwischen 1970 und 1995, in: Zeitschrift für Soziologie 26.1997, 296–311; ders., Die Rekrutierung von Topmanagern in Europa, in: Europäisches Archiv für Soziologie 38.1997, 3–37; ders., Topmanager – Die Rekrutierung einer Elite, Frankfurt 1996; ders., Deutsche Topmanager. Klassenspezifischer Habitus als Karrierebasis, in: Soziale Welt 46.1995, 440–68; V. R. Berghahn u.a. Hg., Wirtschaftselite; ders., Die Wirtschaftseliten in der Politik der Bundesrepublik, in: H. G. Wehling Hg., Eliten in der Bundesrepublik Deutschland, Stuttgart 1990, 124–41; U. Hoffmann-Lange u. W. Bürklin, Eliten, Führungsgruppen, in: Schäfers und Zapf, Handwörterbuch zur Gesellschaft Deutschlands, 170–82; W. Bürklin u.a. Hg., Eliten in Deutschland, Opladen 1997; H. Rebenstorf, Integration u. Segmentation der Führungsschicht, in: Bürklin, Eliten in Deutschland, 123–55; K.–U. Schnapp, Soziale Zusammensetzung von Eliten u. Bevölkerung, in: ebd., 69–99; K. v. Beyme, Elite, in: C.D. Kernig Hg., Sowjetsystem und demokratische Gesellschaft, Bd. 2, Freiburg 1968, Sp.103–128; W. Zapf, Eliten, in: E. Ballerstedt u.a., Soziologischer Almanach, Frankfurt 1975, 341–62; M. Jungblut, Die Reichen u. die Superreichen in Deutschland, Reinbek, 1971.

23 Vgl. zu den Heiratsmärkten: H.-P. Blossfeld u. A. Timm

Hg., Who Marries Whom? Educational Systems as Marriage Markets in Modern Societies, Dordrecht 2003; dies., Der Einfluss des Bildungssystems auf den Heiratsmarkt, in: Kölner Zeitschrift für Soziologie 49.1997, 440–76; H. Wirth, Bildung, Klassenlage u. Partnerwahl, Opladen 2000; dies. u. P. Luettinger, Klassenspezifische Heiratsbeziehungen im Wandel?, in: Kölner Zeitschrift für Soziologie 50.1998, 47–77; dies., Wer heiratet wen? Die Entwicklung der bildungsspezifischen Heiratsmuster in Westdeutschland, in: Zeitschrift für Soziologie 25.1996, 371–94; W. Teckenberg, Wer heiratet wen? Sozialstruktur u. Partnerwahl, Opladen 2000; R. Ziegler, Bildungsexpansion u. Partnerwahl, in: S. Hradil Hg., Sozialstruktur im Umbruch, ebd. 1985, 85–106; K. U. Mayer, Statushierarchie u. Heiratsmarkt, in: J. Handl u. a. Hg., Klassenlagen u. Sozialstruktur, Frankfurt 1977, 155–232.

24 Vgl. zu den Bildungschancen: K. U. Mayer u. a., Germany: Institutional Change and Inequalities of Access in Higher Education, in: Y. Shavit u.a. Hg., Stratification in Higher Education, Stanford 2007, 240–65; R. Becker u. W. Lauterbach, Dauerhafte Bildungsungleichheiten, in: dies., Bildung als Privileg, Wiesbaden 2004, 9–40; R. Geißler, Soziale Schichtung u. Bildungschancen, in: ders. Hg., Soziale Schichtung u. Lebenschancen in Deutschland, Stuttgart 1994. 111–59; W. Müller, Bildung u. soziale Plazierung in Deutschland, England u. Frankreich, in: H. Peisert u. W. Zapf Hg., Gesellschaft, Demokratie und Lebenschancen, Stuttgart 1994, 115–34; H.-P. Blossfeld u. Y. Shavit Hg., Dauerhafte Ungleichheiten, in: Zeitschrift für Pädagogik 39.1993, 25–52; J. Mansel u. C. Palentien, Vererbung von Statuspositionen, in: P. A. Berger u. M. Vester Hg., Alte Ungleichheiten, neue Spaltungen, Opladen 1998, 231–53.

25 Vgl. hierzu H.-U. Wehler, Die Selbstzerstörung der EU durch den Beitritt der Türkei, in: Die Zeit 13.9.2003, u. in: ders., Konflikte zu Beginn des 21. Jh., München 2003, 41–52; ders., Die türkische Frage: Europas Bürger müssen entscheiden, in: FAZ 19.12.2003; ders., Verblendetes Harakiri: Türkei-Beitritt zerstört die EU, in: Aus Politik u. Zeitgeschichte B 33–34.2004, 6–8; ders. Der Türkei-Bei-

tritt zerstört die EU, in: H. König u. M. Sickering Hg., Gehört die Türkei zu Europa? Bielefeld 2005, u. in: ders., Notizen zur deutschen Geschichte, München 2007, 160–75; ders. Mutwillige Selbstzerstörung: Der Türkei-Beitritt zerstört die EU, in: K.-S. Rehberg Hg., Soziale Ungleichheit – Kulturelle Unterschiede, Frankfurt 2006, 1140–50; ders., Grenzen u. Identität Europas bis zum 21. Jh., in: C. Benninghaus u.a. Hg., Unterwegs in Europa, Frankfurt 2009, 85–95, u. in: ders., Land ohne Unterschichten? München 2010, 28–40.

26 Vgl. hierzu R. Geißler, Kein Abschied von Klasse u. Schicht, in: Kölner Zeitschrift für Soziologie 48. 1996, 319–38; R.F. Wetzell, Inventing the Criminal. A History of German Criminology 1880–1945, Chapel Hill 2000.

27 Zum West-Ost-Gefälle: R. Geißler, Nachholende Modernisierung mit Widersprüchen. Eine Vereinigungsbilanz aus modernisierungstheoretischer Perspektive, in: H.-H. Noll u. R. Habich Hg., Vom Zusammenwachsen einer Gesellschaft, Frankfurt 2000, 37–62; ders., Neue Strukturen der sozialen Ungleichheit im vereinten Deutschland, in: R. Hettlage u. K. Lenz Hg., Deutschland nach der Wende, München 1995, 119–41; ders., Sozialer Wandel, in: W. Weidenfeld u. K.M. Korte Hg., Handbuch zur deutschen Einheit, Frankfurt 1993, 581–93; ders. Hg., Sozialer Umbruch in Ostdeutschland, Opladen 1993; ders. Umbruch u. Erstarrung in der Sozialstruktur der DDR, in: W. Glatzer Hg., Die Modernisierung moderner Gesellschaften, ebd., 1991, 520–24; ders., Transformationsprozesse in der Sozialstruktur der neuen Bundesländer, in: Berliner Journal für Soziologie 1.1991, 177–94; W. Müller Hg., Ungleichheitsstrukturen im vereinten Deutschland, in: ders., Soziale Ungleichheit, 13–42; R. Hauser u. I. Becker, Zur Entwicklung der personellen Verteilung der Einkommen in West- u. in Ostdeutschland 1973–1994, in: Sozialer Fortschritt, 2/45. 1996, 285–93; J.R. Frick u. a., Die Verteilung der Vermögen in Deutschland, Berlin 2010; ders. u. M. Grabka, Gestiegene Vermögensungleichheit in Deutschland, DiW-Wochenbericht 4/2009, 54–67; Bundesregierung Hg., 3. Armuts- u. Reichtumsbericht der

Bundesregierung, Berlin 2008 (speziell zu 2003ff.); Sachverständigenrat zur Begutachtung der gesamtwirtschaftlichen Entwicklung, Gutachten 2009/10, 308ff. (Einkommen u. Vermögen im Osten); Gutachten 2011, 334ff. (nur Einkommensverteilung im Osten).

Nachtrag: Der alle vier Jahre erscheinende «Armuts- und Reichtumsbericht» der Bundesregierung soll bis Ende 2012 für die Zeitspanne von 2007 bis 2011 vorliegen; er ist mir also noch nicht zugänglich. Ersten Vorausberichten zufolge soll das reichste Dezil inzwischen 53 Prozent des Nettovermögens besitzen; 1998 sollen es noch 45 Prozent gewesen sein. Dagegen kamen die fünf untersten Dezile auf ein Prozent; 1998 waren es noch drei Prozent. Das gesamte Vermögensvolumen aller Haushalte verdoppelte sich in der Berichtszeit von 4.7 auf 9.3 Billionen, die den enormen Zuwachs im obersten Dezil scharf beleuchten. Der Bericht konstatiert immerhin, dass das «Gerechtigkeitsempfinden» durch diese Verteilungsmechanik verletzt werde. Für meinen Text habe ich aufgrund der Berechnungen aus dem mir vorliegenden statistischen Material nach oben abweichende Zahlen ermittelt.

Personenregister

Adenauer, Konrad 148, 150

Beck, Ulrich 86
Beitz, Berthold 87
Bourdieu, Pierre 16, 43, 47–53, 90, 109
Bürklin, Wilhelm 86
Butler, Judith 46

Courths-Mahler, Hedwig 93

Dahrendorf, Ralf 85
Davis, Kingsley 38
Durkheim, Émile 16, 29, 37–39, 48, 49

Engels, Friedrich 25, 29, 35
Erdogan, Recep Tayyip 144

Ferguson, Adam 15–17
Foucault, Michel 51
Friedman, Milton 166

Grusky, David, 62
Gysi, Gregor 162

Habermas, Jürgen 17
Hartmann, Michael 87, 88
Hayek, Friedrich August v. 165/166

Hegel, Georg Wilhelm Friedrich 18, 28, 30
Heinemann, Gustav 150
Hobson, John Atkinson 29

Kohl, Helmut 148
Krelle, Wilhelm 74
Krueger, Alan Bennett 77
Krugman, Paul 77
Kuznets, Simon 59

Lafontaine, Oskar 163
Lammert, Norbert 63, 83
Lepsius, Mario Rainer 10
Lévi-Strauss, Claude 48, 49
Luhmann, Niklas 16, 44, 45, 86

Marlitt, Eugenie 93
Marx, Karl 16, 19–31, 33, 37, 48–50
Merton, Robert King 38
Millar, John 15
Mitscherlich, Alexander 130

Obama, Barack 74

Pareto, Vilfredo 16
Parsons, Talcott 16, 38

Quesnay, François 17

Reagan, Ronald 59, 77, 165
Reuter, Edzard 82
Ricardo, David 17, 21, 23, 50

Saussure, Ferdinand de 40
Schmoller, Gustav 29
Schwarzer, Alice 123
Smith, Adam 15–17
Sombart, Werner 29
Speer, Albert 87
Spencer, Herbert 28
Stein, Lorenz v. 16, 19,
   27, 28

Steinbrück, Peer 82
Stuart, William 17

Thatcher, Margaret 59, 165

Vico, Giambattista 23

Weber, Max 10, 14, 16, 20,
   27–37, 39, 41, 48–50, 52,
   54–57, 62, 65, 67
Wildenmann, Rudolf 86
Winterkorn, Martin, 62, 79,
   81

Zapf, Wolfgang 85